大同市博物馆馆藏精品图集

第二辑 ③

翰墨留香

大同市博物馆藏书画精品

大同市博物馆 编著

科学出版社
北京

内 容 简 介

该书以大同市博物馆藏明清时期的书画为研究对象，精选出75幅具有代表性的馆藏书画佳作进行展示，内容有山水、花鸟、人物、书法等。其中既有董其昌、龚贤、黄慎、戴熙、郑板桥、傅山等名家作品，也有反映大同本土的书画名家，如栗毓美、李殿林等的书画作品，尤为难得的是其中一些书画作品是首次公开发布。

本书通过对每幅作品的质地、尺寸，绘画技艺和风格以及书法作品的技巧和释文、题跋、钤印及作者生平等基本信息进行了系统整理研究，为我们进一步研究明清时期大同地区的书画艺术提供重要的参考资料。

图书在版编目(CIP)数据

翰墨留香：大同市博物馆藏书画精品 / 大同市博物馆编著. —北京：科学出版社，2019.9
（大同市博物馆馆藏精品图集. 第二辑）
ISBN 978-7-03-062333-1

Ⅰ. ①翰… Ⅱ. ①大… Ⅲ. ①汉字－法书－收藏－中国－明清时代 ②中国画－收藏－中国－明清时代 Ⅳ. ①G262.1

中国版本图书馆CIP数据核字（2019）第195806号

责任编辑：柴丽丽　蔡鸿博 / 责任校对：王晓茜
责任印制：肖　兴 / 书籍设计：北京美光设计制版有限公司

科学出版社 出版
北京东黄城根北街16号
邮政编码：100717
http://www.sciencep.com

北京华联印刷有限公司 印刷
科学出版社发行　各地新华书店经销

*

2019年9月第　一　版　开本：889 × 1194　1/16
2019年9月第一次印刷　印张：12　3/4
字数：345 000

定价：328.00元

（如有印装质量问题，我社负责调换）

大同市博物馆馆藏精品图集　第二辑

主　编

王利民

副主编

曹臣明　刘贵斌　白　勇　耿　波　段晓莉　韩生存

编委会

吴中华　马雁飞　骆东峰　张雁红　唐慧娟

翰墨留香·大同市博物馆藏书画精品

编　撰

韩生存　康林虎

摄　影

王辉辉　李　航

前　言

古代书法和绘画是我国传统文化极为重要的组成部分，其特有的表现形式，成就了独特的民族艺术风格。中国的书法和绘画历史悠久，博大精深，而中国书画发展到明清时代，更是达到了一个高峰。

大同，古称平城，是游牧文明和农耕文明交汇之地，曾是北魏首都，辽金陪都和明清重镇，历史积淀丰厚，多元文化融合碰撞，产生独具特色的地域文化，反映在绘画和书法方面则表现得尤为突出和明显，其艺术性、地域性和民族性在中国书法和绘画史上占有一席之地。

公元4～5世纪的中国书法历史长河流经古都平城，宛若百泉齐冒，洪波涌起，古拙浑朴、豪放雄壮的魏碑书体应运而生。北朝史学家、考古专家已用大量的事实证明，魏碑书法出自平城。北魏建都大同是在398～496年，已发现这期间的北魏碑刻和墨迹有数十种之多。2000年出土于大同市城南智家堡北沙场的北魏明元帝永兴元年（409年）“王斑”“王礼斑妻舆”墓砖。2005年出土的北魏太武帝太延元年（435年）大同城东沙岭村壁画墓的破多罗太夫人题记，应当说是早期魏碑的见证。从北魏太武帝太延三年（437年）《皇帝东巡之碑》开始，魏碑书体逐渐走向成熟，像《皇帝南巡之颂》，以至后来的《司马金龙墓铭》《司马金龙墓表》，更见盛世书体走向老成之风采。大同尽管有出土碑刻为证，但仍“每言魏碑必称龙门题记”，只知花开洛阳，不知根在大同，殊不知“龙门二十品”第一珍品《始平公造像记》是489年刻的，这石刻中既蕴含汉晋雍容方正之态，又不乏“金戈铁马”的北方少数民族强悍粗犷的精神气质，那么秀丽老道、雄俊伟茂，仔细分辨，虽说凸显南方楷书秀气，但更显游牧书体粗犷之风，看得出两地书体一脉相承。

宗教对书法和绘画在大同的发展起到了至关重要的作用，寺庙文化中寺庙书法和壁画尤为特别。云冈石窟是中国佛教史上的一块里程碑，堪称北魏佛教史，仔细端详，一窟窟气派宏大的石雕，仿佛就是北魏政治文化经济的写意形象，同时也让人嗅到了一股股当时首都平城佛教圣地的书气和后来追随者们的墨味。北魏太和七年（483年），第11窟东壁造像周围就有“文殊师利菩萨”“大势至菩萨”题刻；山门有匾“石佛古寺”；第6窟楼前康熙御书大匾“庄严法相”，配联“山迤随云秀，佛灯共日长”；第5窟楼前是总督佟养量书匾“大佛阁”，配联“顶天立地奇男子，炤古腾今大丈夫”；第7窟楼前悬兵部尚书马国柱的大匾“西来第一山”。虽然这些不少都消失了，但承传云城翰墨书道的作用不可磨灭。被称为辽金艺术博物馆的上下华严寺，以建筑、塑像、绘画艺术而享誉天下，同样以浓郁的书法艺术而闻名遐迩。一进上下华严寺，庙门上方的正匾，宛如斗大的“大雄宝殿”“薄伽教藏”令人敬仰不已，上华严寺14通碑刻，下华严寺6通碑刻，通通耐人寻味。上华严寺大雄宝殿北侧《释迦如来成道记》碑，由明代华严寺主持喜敬临、石工薛辅邢镌，字迹秀丽，个性凸显。南侧由云中赵普福书，太和刘江镌，书写大气，端庄苍劲。另一通《重修碑》虽然石质风化严重，字迹有些模糊，但也不失上乘墨宝风范。下华严寺殿内侧《大金国西京大华严寺重修薄伽教藏记》和《西京大华严寺佛日圆照明公和尚碑铭并序》2通碑，是庙内较早的2块碑刻，书法行笔如神、刚柔俊爽，令人陶醉。创建于唐代的善化寺，庙院4通碑刻，都是书刻精品。《大金西京大普恩寺重修大殿记》，不仅碑文文采飞扬，翔实记载了圆满大师主持修建普恩寺的全过程，而且书法精湛，颜体纯熟老道。《大金西京大普恩寺重修释迦如来成道碑铭并序》，文为王勃所撰，对偶工整，辞藻华丽，记述了释迦牟尼的一生，由金代书法家党怀英撰的碑额虽已遗失，仍不失名品之作；碑身书法字迹圆劲有力，为书法瑰宝。当跨入奇峰壁立的北岳恒山景区时，高达13米的“恒宗”石刻，会仙府上的摩崖题刻，琳琅满目，美不胜收。从舜禹到秦汉，从唐宋到明清，历代帝王要么亲驾题刻、要么遣使题记，留下的题匾令人叹为观止。山门上的“人天北柱”出自清道光皇帝之手，主殿上的“化垂悠久”是清康熙皇帝御笔，3副木刻对联，虽出自当地举人、秀才之手，但也是精书精刻，神采飞扬。作为恒山特景的悬空寺，竟有几十处古人书刻，明代万春元书的“空中色相”“悬空寺”，明代陈斐书的“悬空岩”“悬空阁”，明代大同知府张升书的“悬空寺”，明代白忠书的“瞻汉云阁”，明代徐申书的“绝壁层楼”，明代道士孙训书的“青云独步”，明代房守士书的“公输天巧”，大大小小20多幅书法石刻和匾牌作品，每一处都令人惊叹。

在大同市博物馆内存放着明代大同府学明伦堂正壁“四条屏”宋代理学大师朱熹的《易经碑》，是明代崇祯十一年（1636年）镂空摹刻的，堪称时代佳作。那一座座古堡城楼匾牌、一片片村镇古宅的门匾，众多的墓铭碑刻，数量之大、层次之高，确为古典书法作品的宝库。

绘画艺术在大同也是源远流长，从大同沙岭北魏壁画墓、富乔垃圾焚烧发电厂北魏壁画墓、云波里路北魏壁画墓，到辽代大同军节度使许从赟夫妇壁画墓、东风里辽代壁画墓、京原迎宾馆辽代壁画墓；从司马金龙棺板漆画人物，到大同境内众多的名寺古刹内保存完好、精彩绝伦的古代壁画，成就了大同绘画艺术的技艺传承和地域风格，成为我国的书法绘画的重要组成部分。

正是这些丰富的历史文化遗存从侧面反映了古代大同辉煌的书法和绘画水平，为我们今天的传承和光大奠定了雄厚的实物基础。

大同市博物馆是在原大同古迹保养所的基础上成立的，1959 年对外开放，时称大同市文物陈列馆，1963 年改为大同市博物馆，一直沿用至今。大同市博物馆自成立之初始终秉承突出大同地域文化特色，将征集和收藏独具特色的精品文物为立馆之本，尤以北魏和辽金时期的文物最具代表性，在全国占有重要地位。针对大同独特的地理位置和明清重镇、近代商旅重要集散地这一实际情况，在建馆之初，将大量流散民间的珍贵文物作为征集收藏工作重点，不失时机地向社会征集到大批珍贵的书法和绘画作品，填补我馆藏书画藏品不足之虞。本书选取的 70 余幅书画精品就是其中的代表。

大同市博物馆绘画和书法收藏是其一大特色，尤以明清时期的作品为收藏大宗。我们知道，明清时期的画坛技法多样、流派众多，呈现出生机勃勃、绚丽多姿的景象。由于馆藏的局限，未能全面系统、完整地反映各流派的书画作品，但也选取董其昌、龚贤、黄慎、戴熙、郑板桥等名家作品，从中反映出“松江画派”“金陵画派”和“扬州画派”等重要书画流派的艺术水准，为我们学习和欣赏明清书画提供了珍贵的实物资料。本书的另一特色是以突出反映地方书画作品为重点，深度解读每幅作品的艺术性，增加可读性。通过展示傅山、祁寯藻、栗毓美、李殿林等书画名家的作品，从一个侧面反映明清时期大同地区的书画家的艺术水平，为人们欣赏和研究山西尤其是大同明清时期的书画艺术提供重要的参考资料。

目 录

前言……I

绘 画

明·徐枋 山水图轴……2
明·何正位 金陵山水册页……5
清·梅清 山水图轴……14
清·吕焕成 仿李唐山水人物图轴……16
清·高其佩 山水图轴……20
清·蒋廷锡 花鸟图册……22
清·赵绅 青绿山水图轴……26
清·李鱓 把酒持螯图轴……28
清·黄慎 人物图轴……30
清·郑板桥 竹石图轴……32
清·蒋溥 花鸟图轴……33
清·徐坚 山水图轴……37
清·苏廷煜 顽石图轴……39
清·祁寯藻等 重阳诗图卷……40
清·戴熙 山水图轴……46
清·张熊 仿周少谷秋芳图轴……52
清·周少白 兰石图轴……55
清·周少白 花卉四条屏……56
清·戴克昌 山水横幅……62
清·钱聚瀛 花卉石猫图轴……64
清·汪彦份 山水图轴……66
清·何维朴 秋日山居图轴……68
清·姜筠 山水图轴……72
清·赵风瑞 功名富贵图轴……74
清·俞礼 三驼图轴……76
清·陈康侯 三多图轴……79
清·吴树本 牡丹图轴……83
清·焦秉贞 观瀑图轴……84
清·张廼耆 苍松八哥图轴……85
清·赵小沧 蜀道兴汉图轴……88
清·赵小沧 仿郑板桥兰石图轴……91
清·程谟 赏菊图轴……92
清·洪范 竹石图轴……93
清·白云瑞 山水图轴……94
清·陆钢 山水图轴……96
清·卢岣 山水图轴……98
清·竹斋 山水图轴……100

书 法

明·董其昌 草书七言诗轴……104
明·张瑞图 草书五言诗轴……106
明·傅山 草书《孟郊山中送从叔简赴举》诗轴……107
明·傅山 行书长卷……109

明·朱延禧　《庄子·养生主》等长卷……112
清·龚贤等　诗稿长卷……113
清·于成龙　行书轴……120
清·雍正　行书《园中即景》诗轴……121
清·张照　草书轴……122
清·梁巘　草书《拾遗记》轴……123
清·刘墉　行书轴……124
清·梁同书　行书诗轴……125
清·王文治　楷书册页……127
清·秦承业　楷书轴……144
清·铁保　行书轴……145
清·铁保　行书《文心雕龙·杂文》轴……146
清·铁保　行书册页……147
清·顾皋　行书《狂夫》诗轴……154
清·姚元之　隶书六言联……155
清·栗毓美　楷书七言联……156
清·祁寯藻　行书轴……157
清·祁寯藻　行书《与孟震同游常州僧舍》诗轴……158
清·祁寯藻　楷书卷……161
清·何绍基　行书《墨梅》诗卷……163
清·徐继畬　行书七言联……164
清·张穆　行书七言联……165
清·戴熙　行书《相州昼锦堂记》条屏……166
清·杨笃　隶书《论诗三十首·其八》卷……168
清·张之洞　行书轴……170
清·王仁堪　行书《洛阳客舍逢祖咏留宴》诗轴……171
清·王仁堪　行书《登楼》诗轴……172
清·李殿林　行书《怀嵩楼新开南轩与郡僚小饮》诗轴……173
清·康有为　行书《高庄记游》诗轴……174
清·刘春霖　行书《松风亭下梅花盛开》诗轴……175
清·赵昌燮　篆书《漫成一首》诗轴……176
清·何福堃等　小楷条屏……178
清·陈嵩庆　楷书《砚北杂志一则》轴……187
清·崔卿云　行书轴……188

参考资料……190
后记……191

绘画

明·徐枋　山水图轴

绢本　水墨

纵 90 厘米　横 39.3 厘米

此画中画出连绵不绝的山峦、山涧清澈的溪水、山坳相望的亭台。左上角落款：“庚申小春，仿巨然笔意画于涧上草堂，俟斋徐枋”。下钤白文印二枚，一为“徐枋之印”；一为“昭法”。

徐枋（1622 ～ 1694），字昭法，号俟斋、秦余山人，江苏苏州人，明末清初画家，入清后隐居于天平山麓“涧上草堂”。

山水图轴（局部）

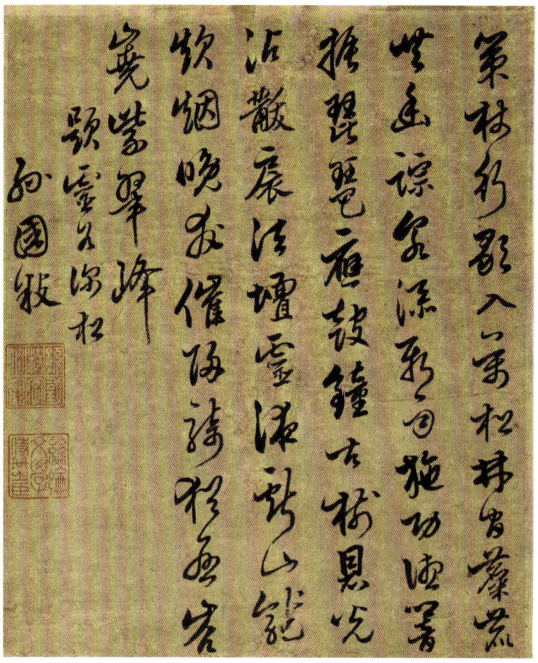

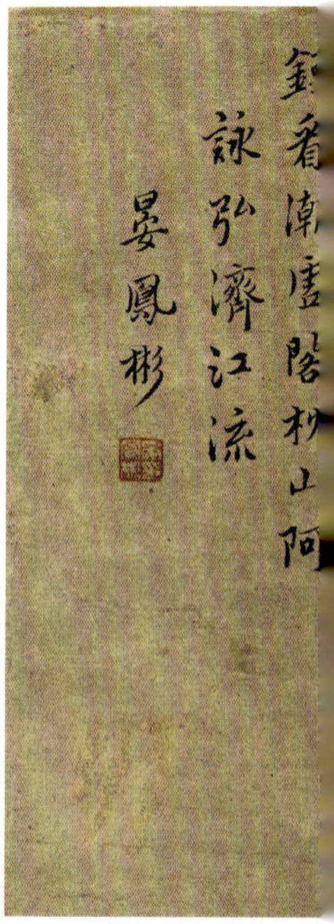
詠弘濟江流
晏鳳彬

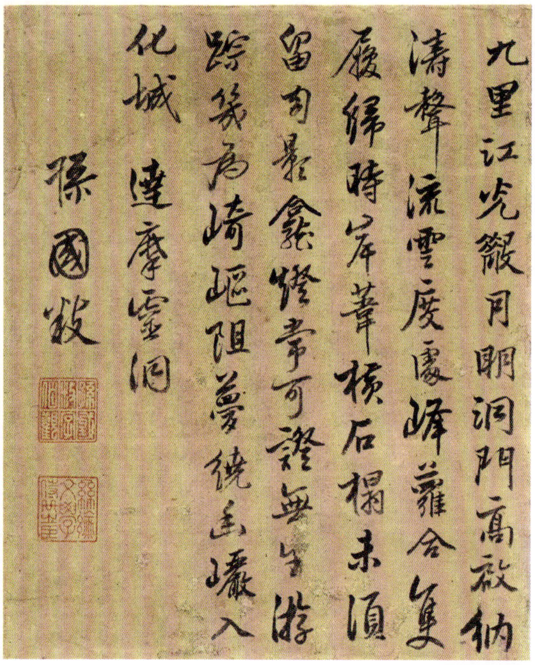
孫國敉

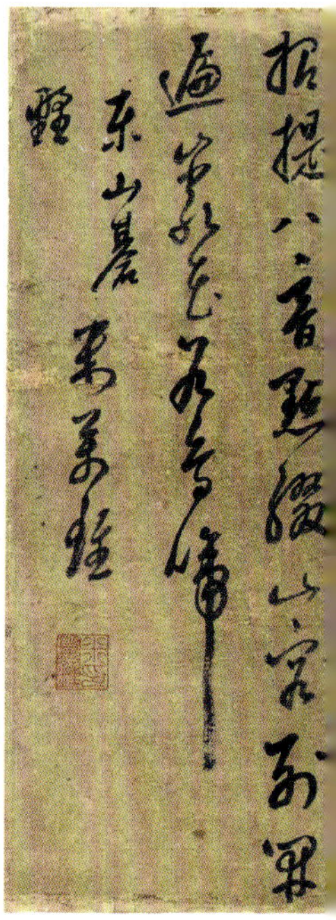

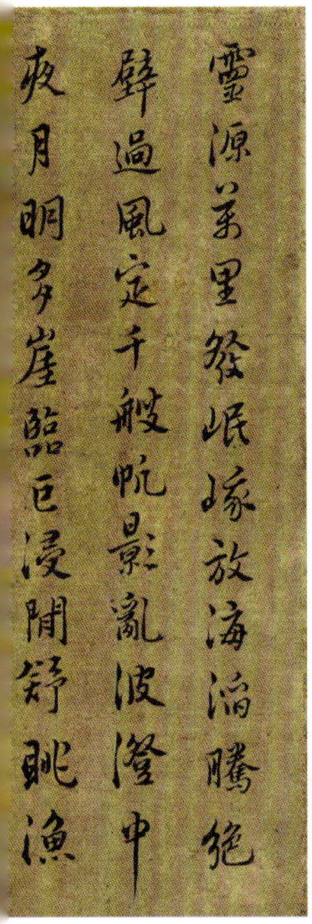

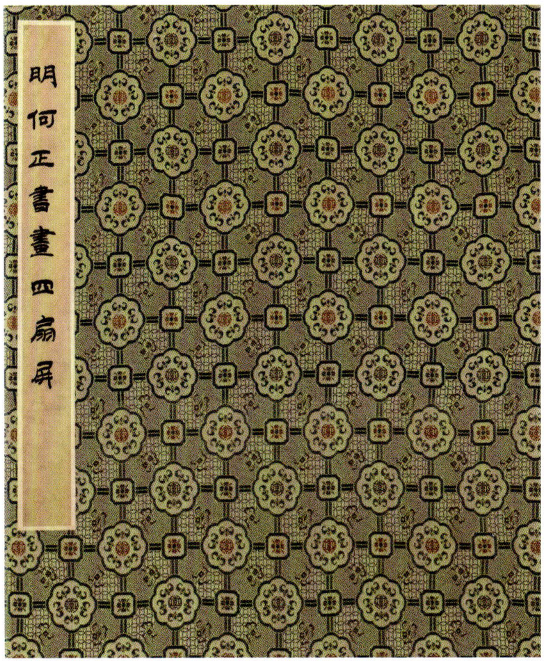

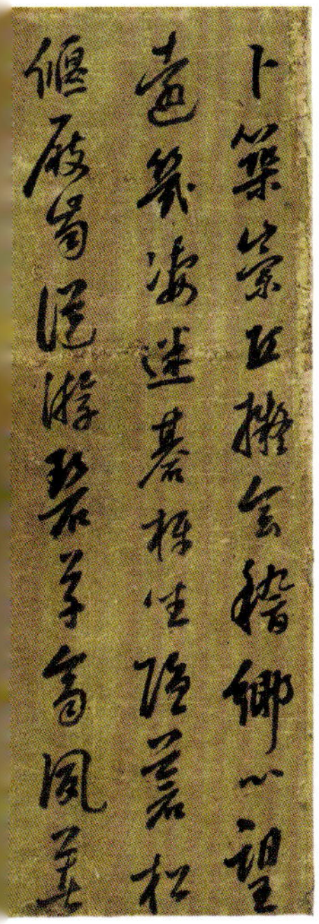

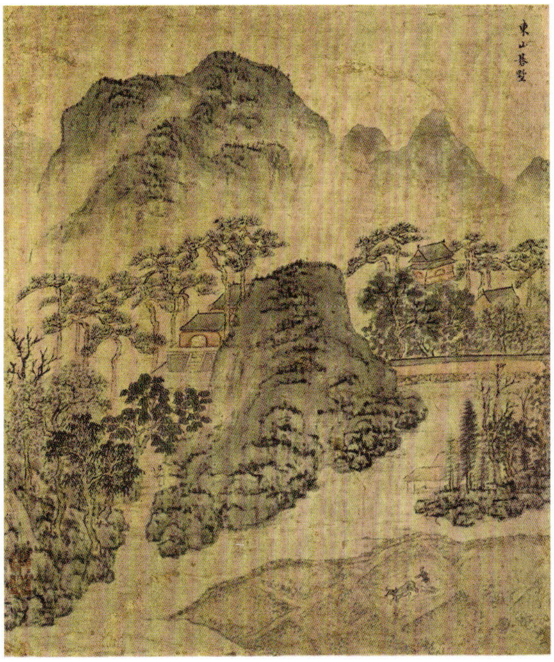

明・何正位　金陵山水册页

纸本　设色
纵 41 厘米　横 33 厘米

这组山水画册是何正位的作品，册页为四开，所绘为金陵四十景中的四处名胜景点，分别自题：《弘济江流》《灵谷深松》《东山碁墅》《达摩灵洞》。《弘济江流》绘弘济寺，可观赏到大江奔流的壮观；《灵谷深松》前景绘参天的松木，灵谷寺位于群山丛林之中，佛塔静静矗立；《东山碁墅》绘江宁东山的景色；《达摩灵洞》相传是南朝梁代，天竺高僧达摩坐禅之处，位于幕府山畔。此山水册画面为纸本设色，右画左诗，以写实手法描摹金陵的山水景色，笔法细密，墨色淡雅，意境清远。其中三幅各钤白文印二枚，分别为“何正位印”“德谦父”。

何正位，明代书画家。

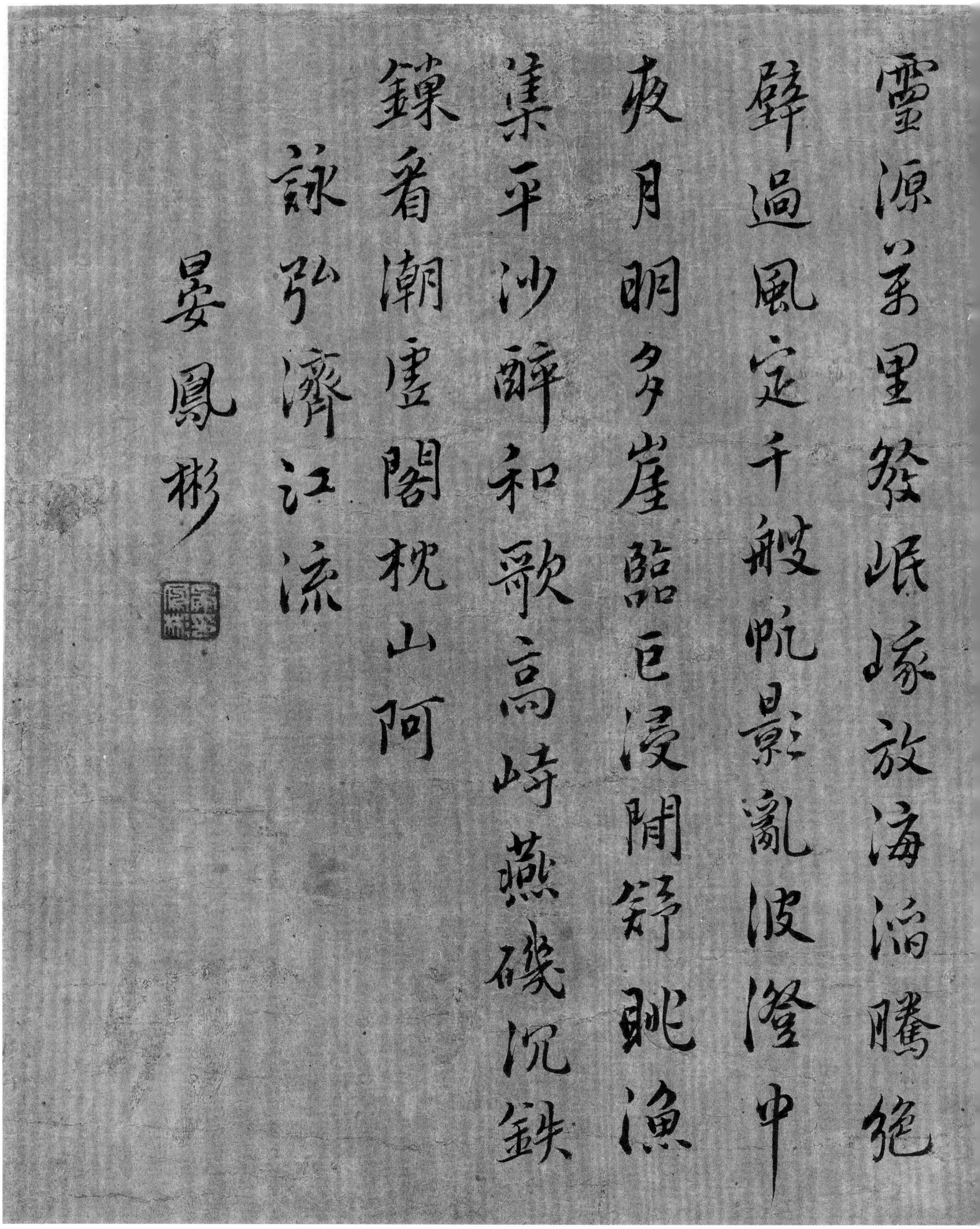
靈源萬里發岷嶓放海滔騰絕
壁過風定千艘帆影亂波澄中
夜月明多崖臨巨浸閒舒眺漁
集平沙醉和歌高峙燕磯沉鐵
鍊看潮雲閣枕山阿
詠弘濟江流
晏鳳彬

金陵山水册页之一

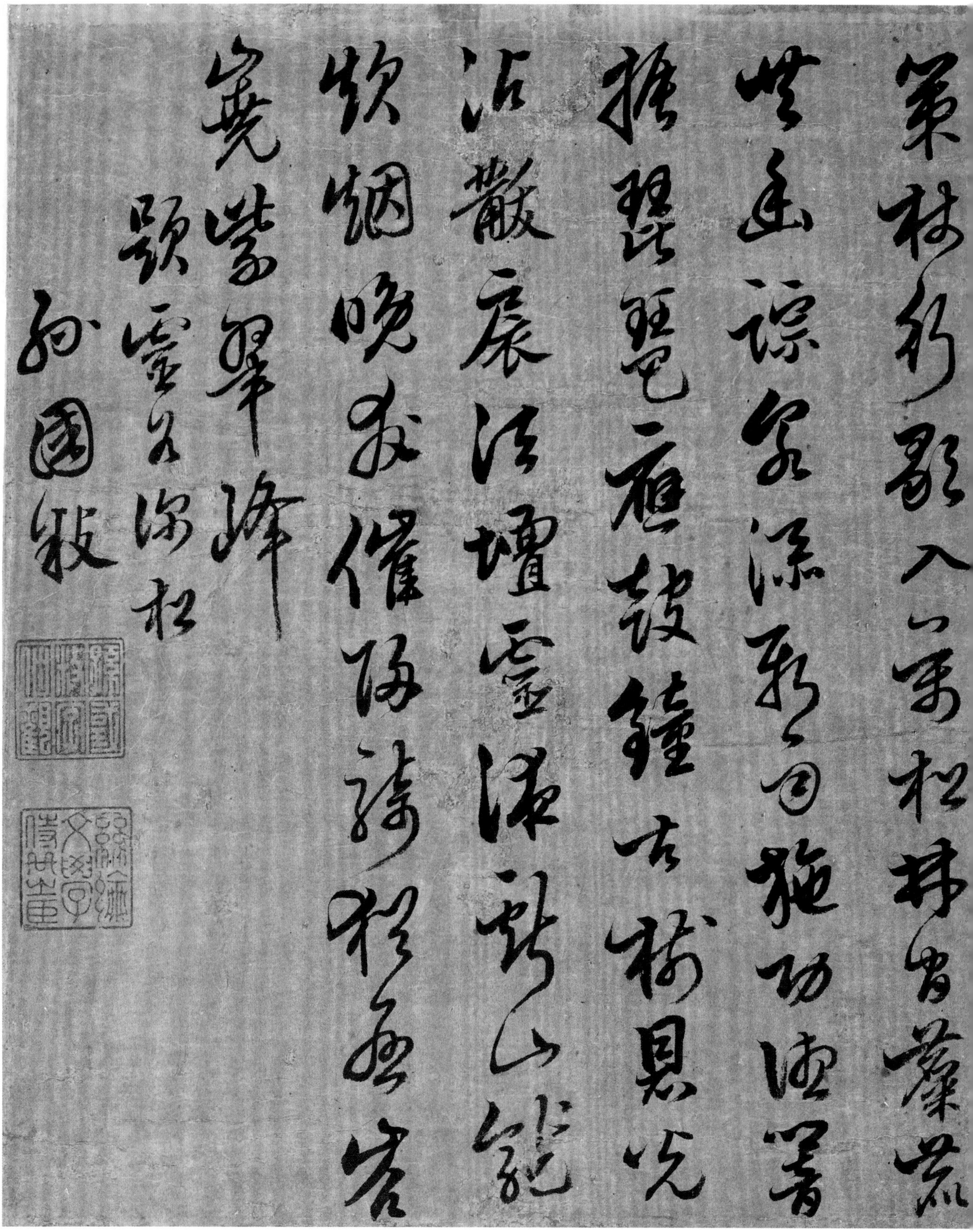

金陵山水册页之二

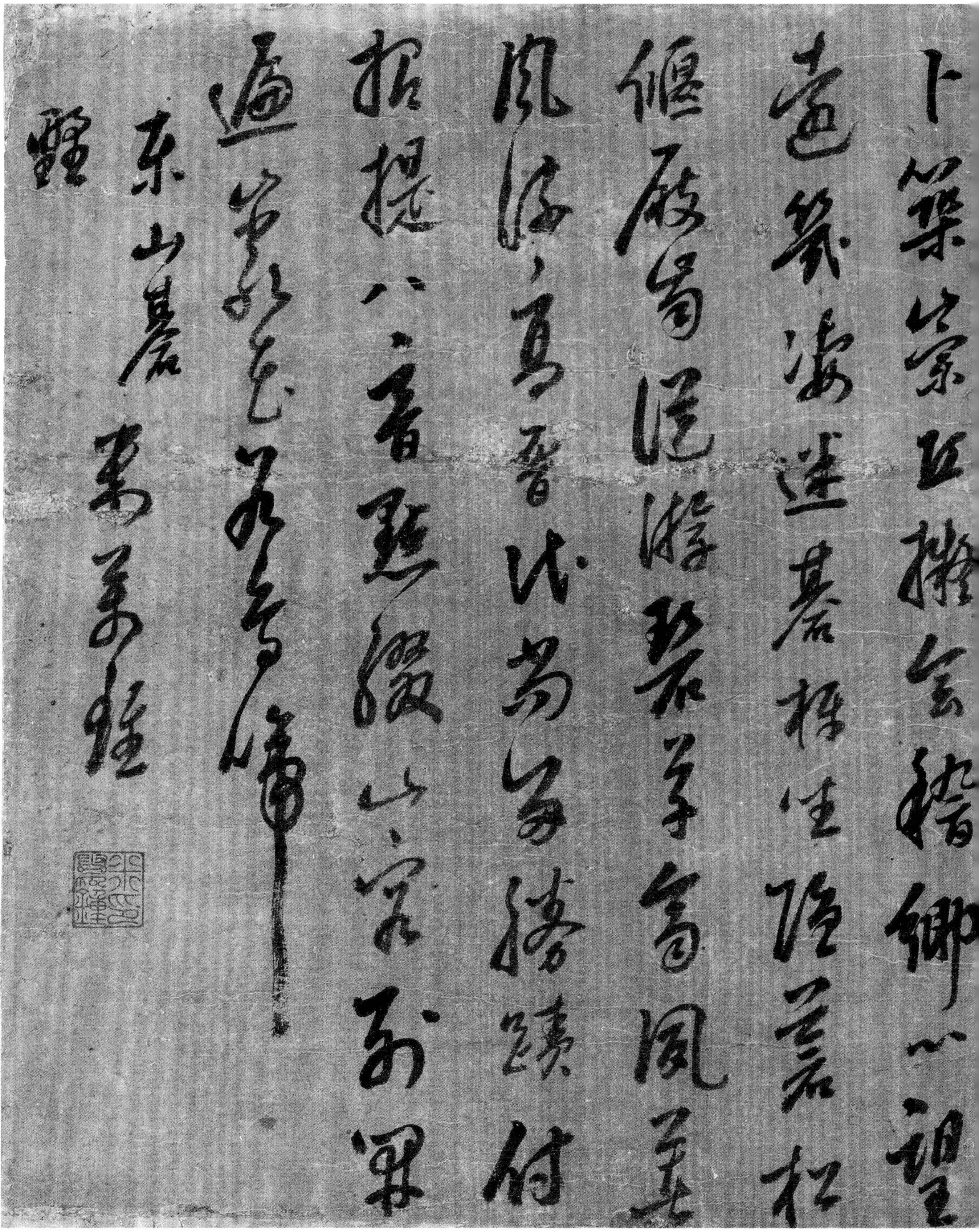

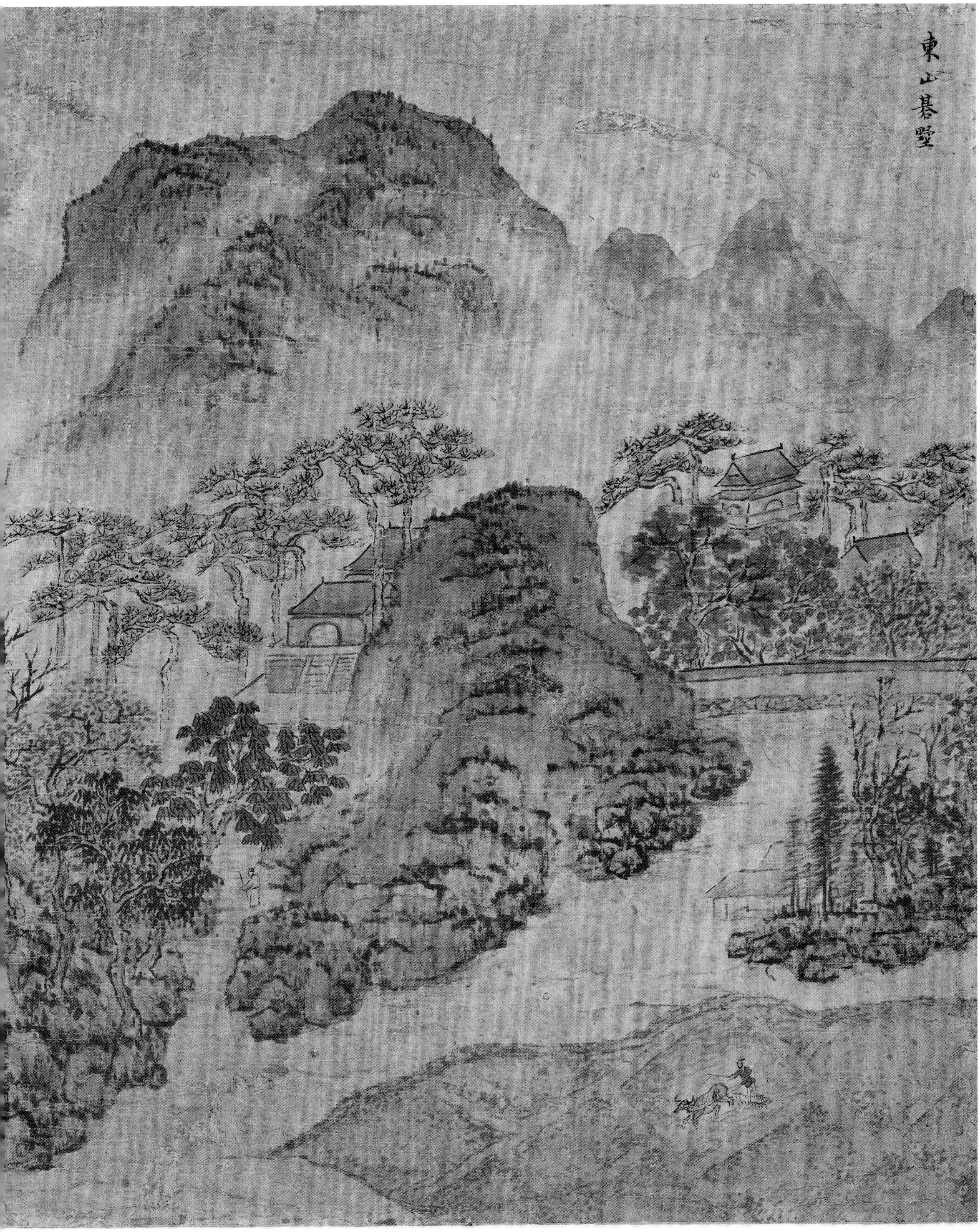

金陵山水册页之三

九里江光籔月明洞門高歛納
清聲流雲度廢峰巃嵷隹
履歸時岸葦横石榻未頂
留旬暴龕燈孽可躋無生游
蹉嵯為崎岖阻夢繞玉壤入
化城達摩靈洞
孫國牧

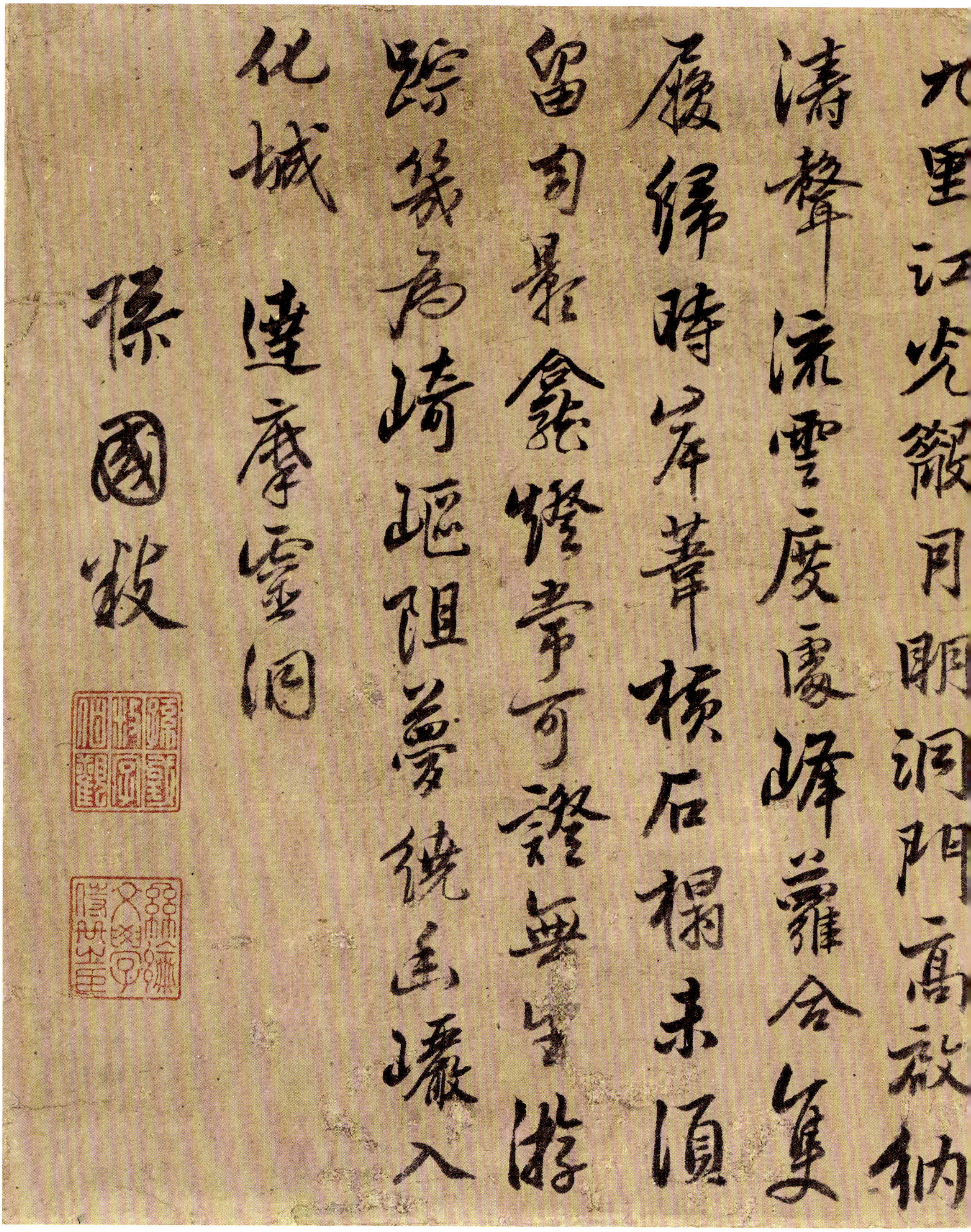

金陵山水册页之四

清·梅清　山水图轴

纸本　设色

纵 139 厘米　横 50 厘米

此画右下角绘几株古树，先用干淡之笔勾勒出枝干，再用浓墨湿笔写出不同的树叶，表现出树木的灵动。瀑布从山石之间漂流而下，很是壮观。最远处则以淡墨调和花青色渲染，是墨也是山，妙趣横生。右上角题诗：“我爱先生披鹿裘，一声长啸万山秋。只今洞口孤云出，谁解瞿硎伴我游。瞿硎石室一号山门，乃宁易第一仙境。”落款：“瞿山梅清识”。钤二枚朱文印为“清”“瞿山氏”。此画画面虚实相生，黑白、干湿、枯润相破，藏露巧妙，动静结合，营造出了一种独特的艺术意境。

梅清（1623 ～ 1697），字渊公，号瞿山，安徽宣城人。梅清是一位集诗、书、画于一身的大家，其画风对“黄山画派”“新安画派”都产生了重要的影响。

山水图立轴（局部）

清·吕焕成　仿李唐山水人物图轴

绢本　设色

纵 200 厘米　横 88 厘米

此画为竖构图，画面布局饱满，山间的溪水、亭宇、树木相互掩映，结构严谨，层次分明，风格高古。山石用斧劈皴法；画面左下角的树木用双勾法，树叶以淡墨层层渲染，树木挺拔秀劲；岸边的人物虽小，但刻画细致入微，人物面部刻画细腻生动，衣纹线条流畅，形神毕俱。画面构图饱满、厚重丰富、古朴雅致。右上角落款：“仿李唐画法于献芝岩之可阁，吕焕成”。

吕焕成（1630～1705），字吉文，号祉园山人，浙江余姚人，清初“吴门画派”的代表人物之一，擅长画人物、山水。

仿李唐山水人物图轴（局部）

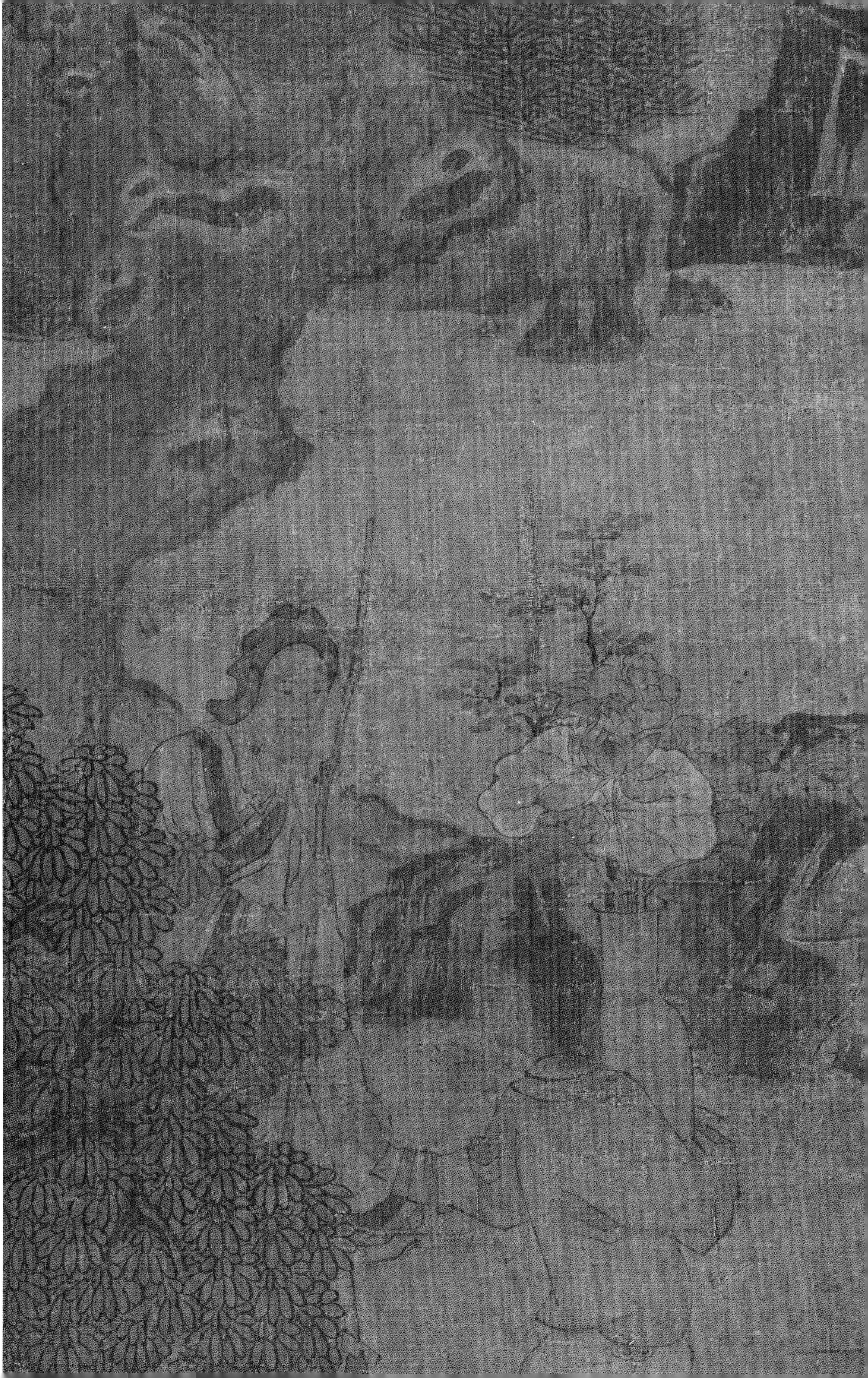

仿李唐山水人物图轴（局部）

清·高其佩　山水图轴

纸本　设色
纵 180 厘米　横 52.3 厘米

此画中远处山峦叠嶂,山下房屋隐于烟雾中,近处流瀑飞泉,客人斟酌于独立涧中的小亭内。左上角题诗:“屋上高山屋下泉,一流直到厨竹边。客来何物借清真,露茗新抽谷雨前。”落款:“且园指作画”。下钤印二枚,一朱文印为“窗明几净”;一白文印为“循序致精”。画作是以指头代替毛笔进行创作,墨色变化丰富、线条看似断缺,却高度提炼了精髓,也是因线条的断断续续,使得画面拙意顿生,给人的感觉既古拙、又优雅,形神兼备,有一种毛笔无法达到的趣味。

高其佩（1660 ～ 1734）,字韦之,号且园,又号书且道人,奉天辽阳（今辽宁辽阳）人,清代画家,是指画的创始人。

山水图轴（局部）

清·蒋廷锡　花鸟图册

纸本　设色
纵 71 厘米　横 30 厘米

此花鸟图册共四开，分别描绘了菊花、梅花、桃花、荷花、石榴等艳丽多姿的花卉和体态生动的鸟类。构图上取法中国传统花鸟画的格局，以虚托实，用笔细腻工整，代表了蒋氏工写结合的花鸟画风格。落款：“仿元人笔意作于都门客舍，南沙蒋廷锡绘”。

蒋廷锡（1669 ～ 1732），字酉君，号南沙，又号青桐居士，江苏常熟人，康熙四十二年（1703 年）进士，清代画家，擅长花鸟，是清代重要的宫廷画家之一。

《花鸟图》册（局部）

清·赵绅　青绿山水图轴

绢本　设色
纵 179.2 厘米　横 72.4 厘米

此画布局精巧，近景处的岸边绘几棵树木，树叶运笔浓淡结合，层次分明，远景处所绘的是连绵的山峰，水从山中流出，至低处汇成大河，在山水林木的环绕中可见幽静的楼阁。画中的山石用披麻皴法，皴笔干湿浓淡相映衬，峰峦层叠，树林浓密，描绘出一处可游可居的幽雅胜境。左上角落款：“戊子春王月写，赵绅”。下钤印二枚，一朱文印为“赵绅之印”；一白文印为“垂书”。

赵绅（1684～1758），字垂书，号晴川，上海人。

青绿山水图轴（局部）

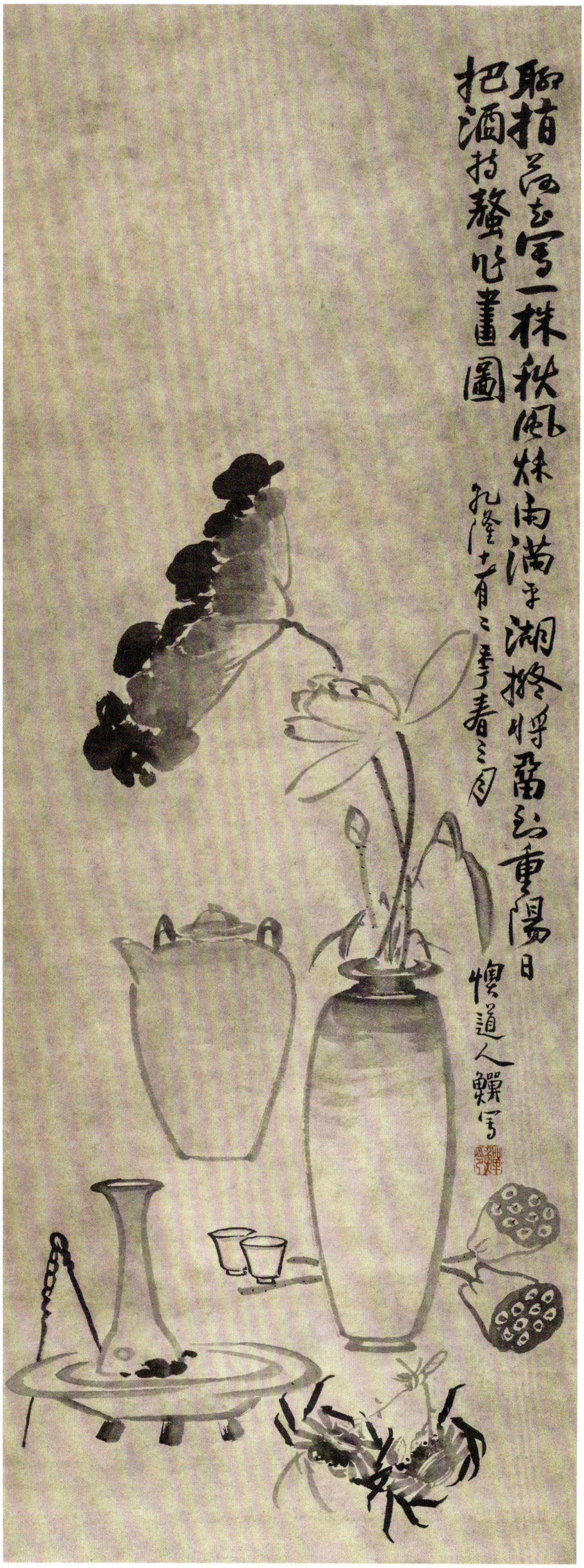

清·李鱓　把酒持螯图轴

纸本　水墨

纵 126.5 厘米　横 51.5 厘米

此画绘荷花、酒壶、醉蟹，仅寥寥数笔，便将古代文人把酒持螯的心情表现得淋漓尽致。画面右上角题诗：“聊指荷花写一株，秋风秋雨满平湖。拟将留到重阳日，把酒持螯作画图。”字迹参差错落，富于变化。题诗的内容与画面相呼应，起到补充画面的作用，又发挥了画外之意，诗、书、画完美地结成一体。落款：“乾隆十有二年春三月，懊道人鱓写”。下钤一枚朱文印“鱓印”。

李鱓（1686～1756），字宗扬，号复堂，又号懊道人，江苏兴化人，清中期“扬州八怪”中的代表画家之一。李鱓博学多能，诗、书、画皆有建树，其画对晚清花鸟画坛有着较大的影响。

株雨满手湖搊將罍玉重陽日

乾隆十有二季子春之月

懷道人鱓寫

《把酒持螯圖》軸（局部）

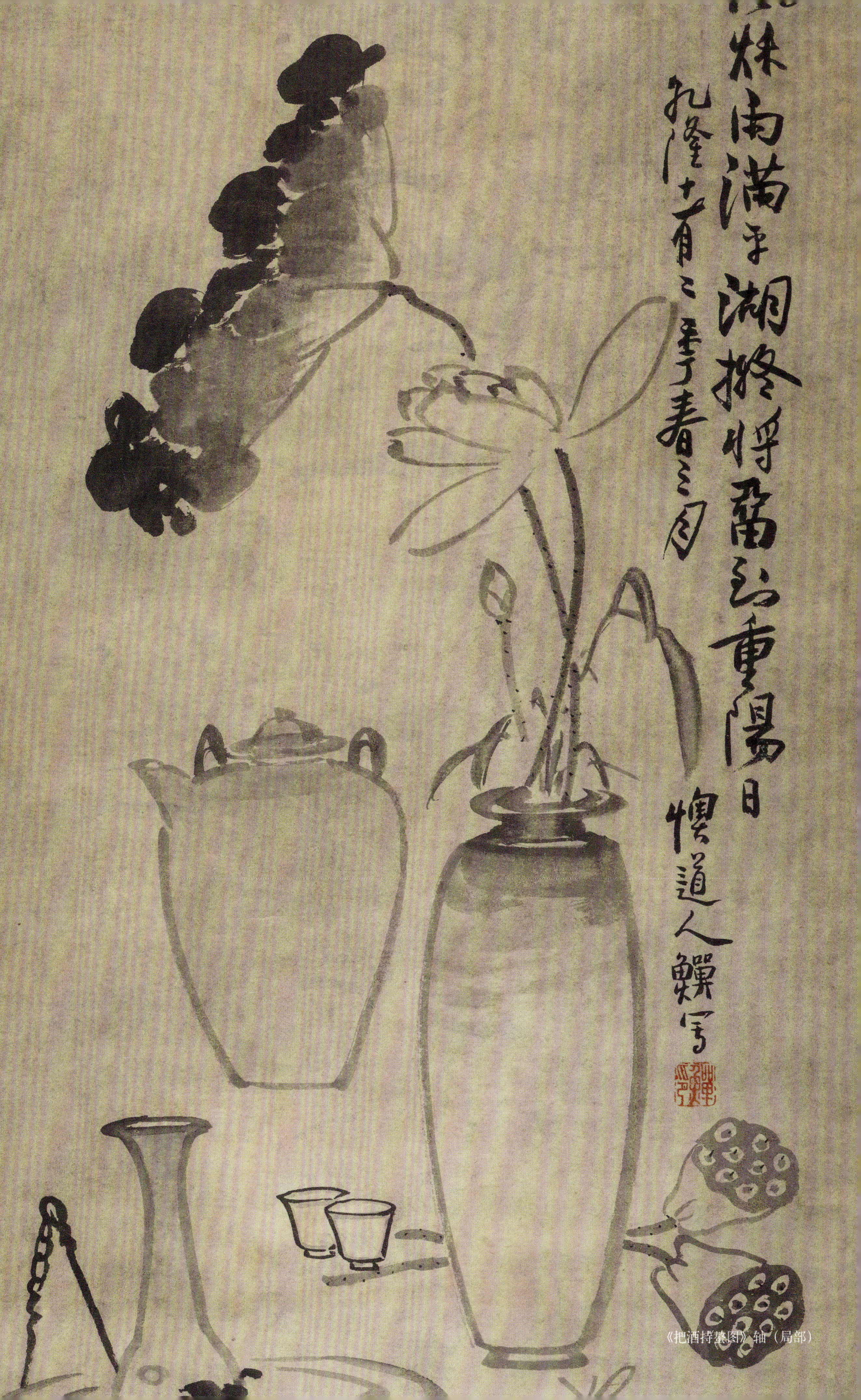

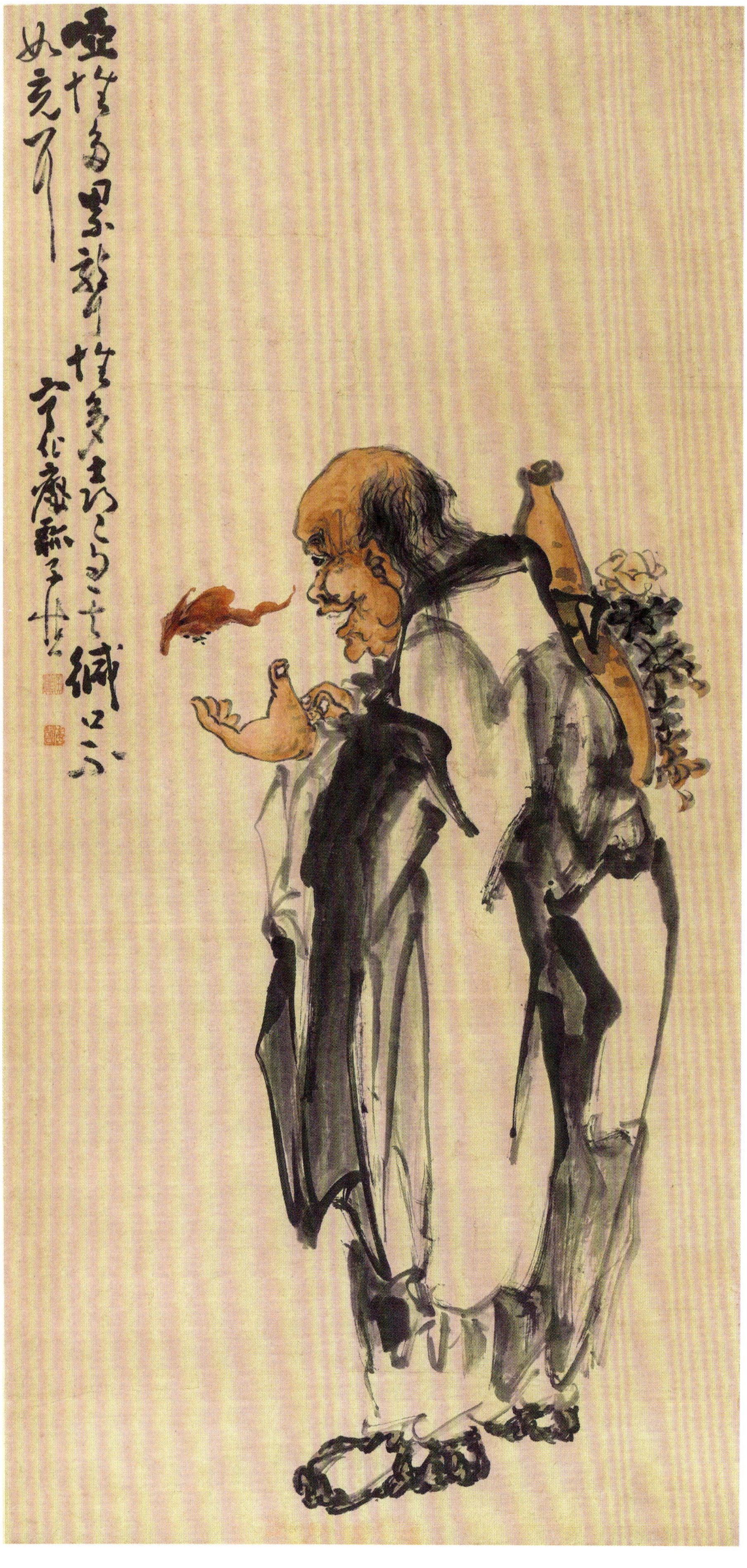

清·黄慎　人物图轴

纸本　设色
纵 121 厘米　横 60 厘米

画中人物位于图中线右侧部位，现左侧面，面部以淡墨细笔勾出人物面部表情，衣纹则以阔笔勾画，袖口线条粗重色浓，粗细浓淡交错，笔力劲挺。此画作画面黑白布置合理，行笔流畅，用笔松动而又准确，一气呵成，从中可以很好的感受到纯熟的笔墨技巧和丰富的笔墨表现力。题诗：“哑性多累，聋性多喜。与其缄口，不如充耳。”落款：“宁化瘿瓢子慎”。下钤印二枚，一朱文印为“黄慎”；一白文印为“恭寿”。

黄慎（1687 ～ 1770），字恭懋，号东海布衣，福建宁化人，诗文、书法、绘画被称为三绝，是“扬州八怪”中多才多艺的画家之一，擅长人物、山水、花鸟，并以人物画成就最为突出。黄慎幼年丧父，家境贫寒，后曾在扬州居留时间较长，以卖画为生来奉养母亲。

人物图轴（局部）

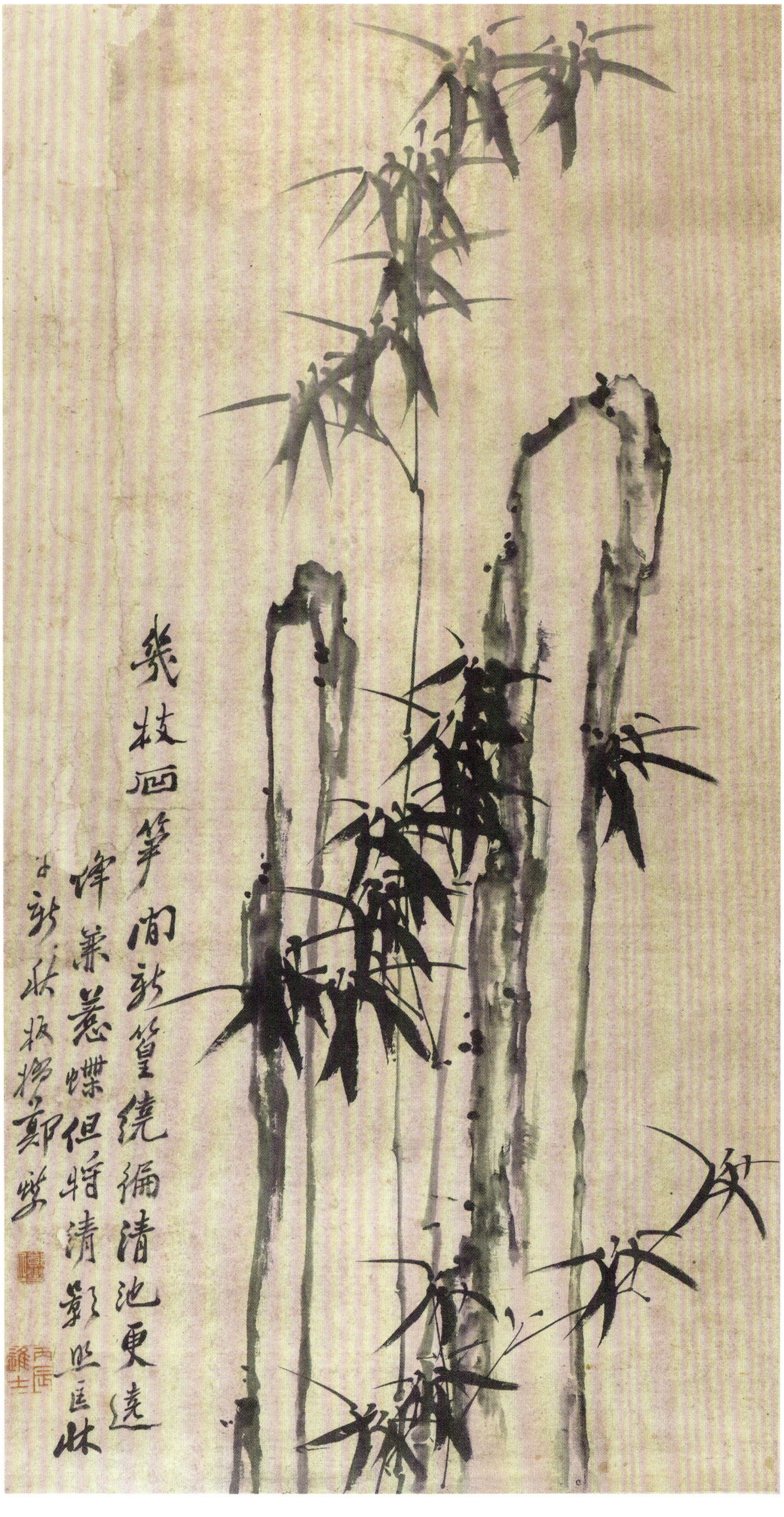

清·郑板桥　竹石图轴

纸本　水墨

纵 140 厘米　横 70.5 厘米

此画以简劲的笔锋勾勒出奇石的特征，并用淡墨加以渲染，两块奇石之间高出一竿竹子，竹竿细而不弱。竹子与石高低、远近、虚实、浓淡相衬。画面疏密有致，简约明快，竹清石秀，豪放潇洒，充满了生机。左下角钤印二枚，一白文印为“郑燮印”；一朱文印为“丙辰进士”。

郑板桥（1693 ～ 1765），名燮，字克柔，号板桥，江苏兴化人，清代中期书画家、文学家，“扬州八怪”代表人物之一，诗、书、画世称“三绝”，擅画兰、竹、石、菊等，而以画竹成就最为突出。

清·蒋溥　花鸟图轴

绢本　设色

纵 107 厘米　横 41 厘米

此画构图简洁，笔法细腻，清新淡雅，鸟儿、花卉造型写实生动，显示了画家在小写意花鸟画方面的非凡造诣和清新独特的画风。落款“质甫蒋溥”。

蒋溥（1708～1761），字质甫，号恒轩，江苏常熟人，大学士蒋廷锡长子，清朝大臣，画家，善画花卉，深得家传，是蒋派花鸟画艺术的重要代表。

花鸟图轴（局部）

花鸟图轴（局部）

清・徐坚　山水图轴

纸本　设色

纵 120 厘米　横 63.5 厘米

此幅浅绛山水采用全景式构图，近景处松树挺拔，远景处高山连绵，中间山谷中流泉曲绕，林木中点缀着房舍。此画用披麻皴皴出山石，苔点细密，皴染细腻，设色淡雅。画面右上角落款：“癸巳夏日，仿大痴老人意，为耕五学长先生清鉴，邓尉徐坚”。下钤印二枚，一白文印为“徐坚之印”；一朱文印为“孝先”。

徐坚（1712～1798），字孝先，号友竹、邓尉山人等，江苏吴县（今江苏苏州）人。清代金石篆刻家、书画家、诗人。

山水阁轴（局部）

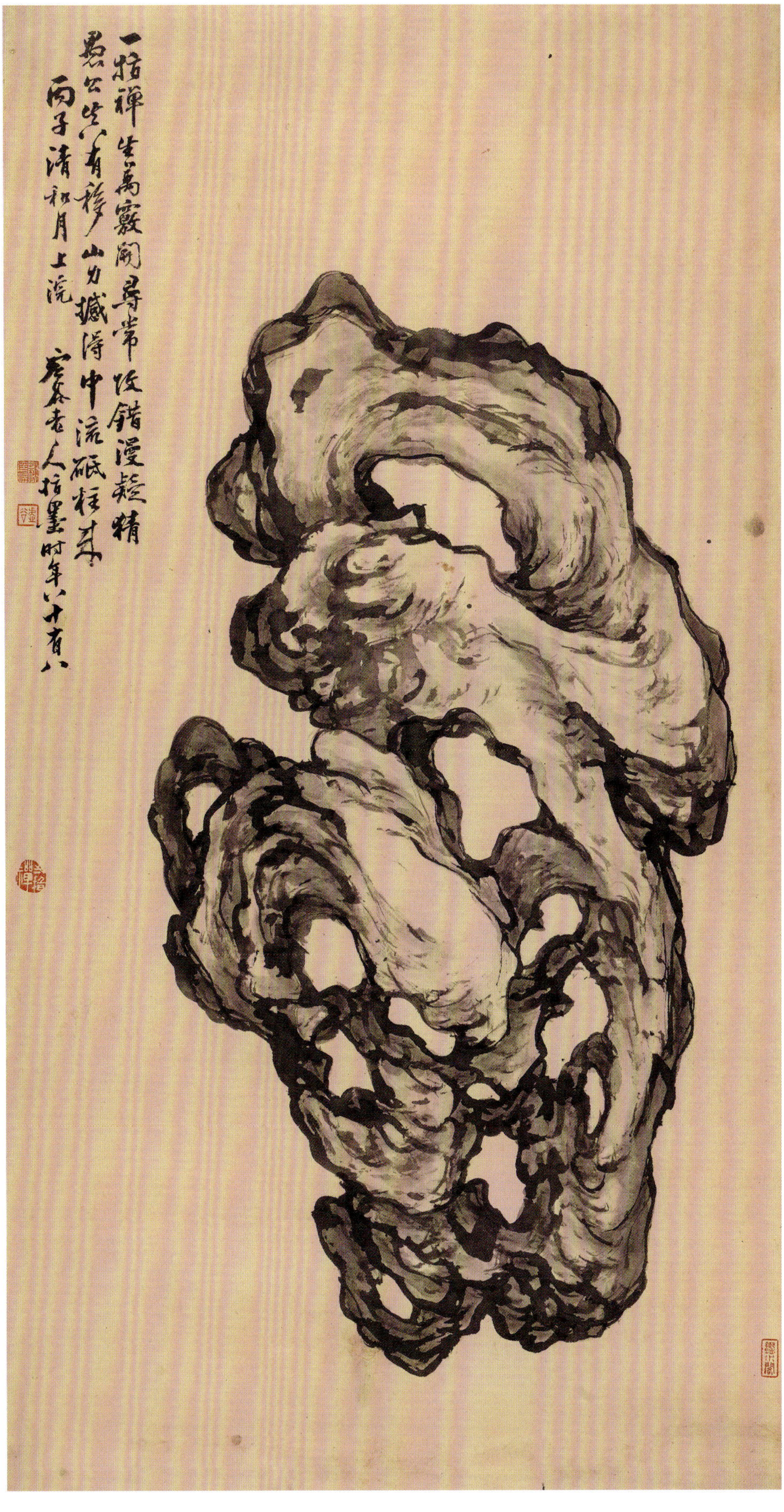

清·苏廷煜　顽石图轴

纸本　水墨

纵 171.4 厘米　横 91.9 厘米

此画全部用手指沾墨绘成，线条似断非断，或粗或细，颇为自然，极富质感，别有一种古雅的趣味。指画，就是用手指沾墨在宣纸或绢上作画，以指代笔之法，清初高其佩将其弘扬光大，在清一代较为盛行。左上角题诗："一指禅生万窍开，寻常改错漫疑猜。愚公真有移山力，撼得中流砥柱来。"落款："丙子清和月上浣，虚谷老人指墨时年八十有八"。旁钤二枚朱文印为"苏廷煜""虚谷"。

苏廷煜（1729～1826），字文晖，号虚谷，移山愚叟，清代指画大家。

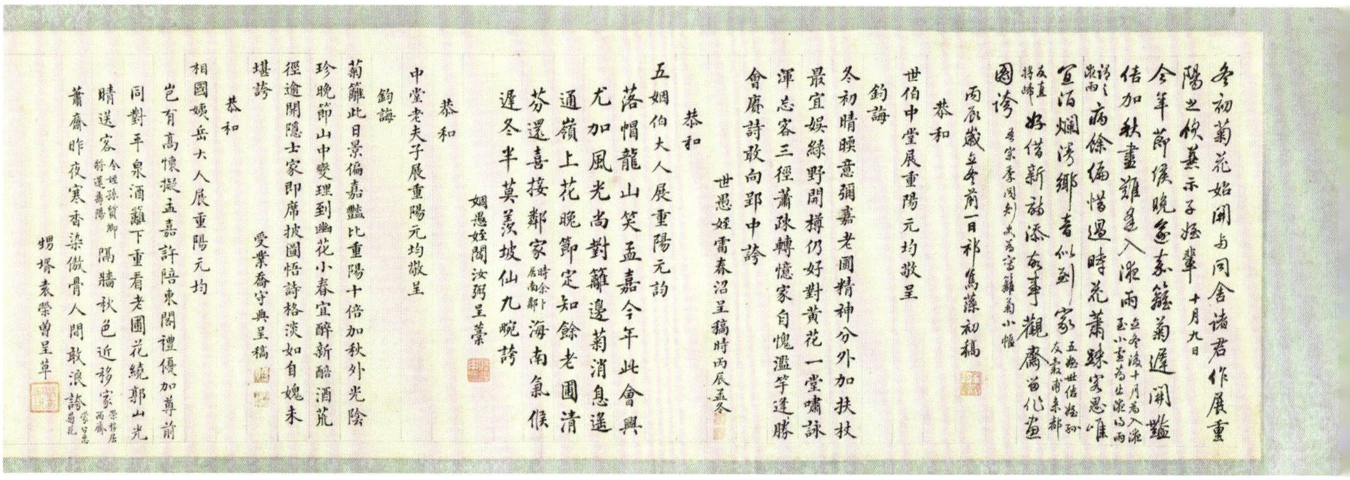

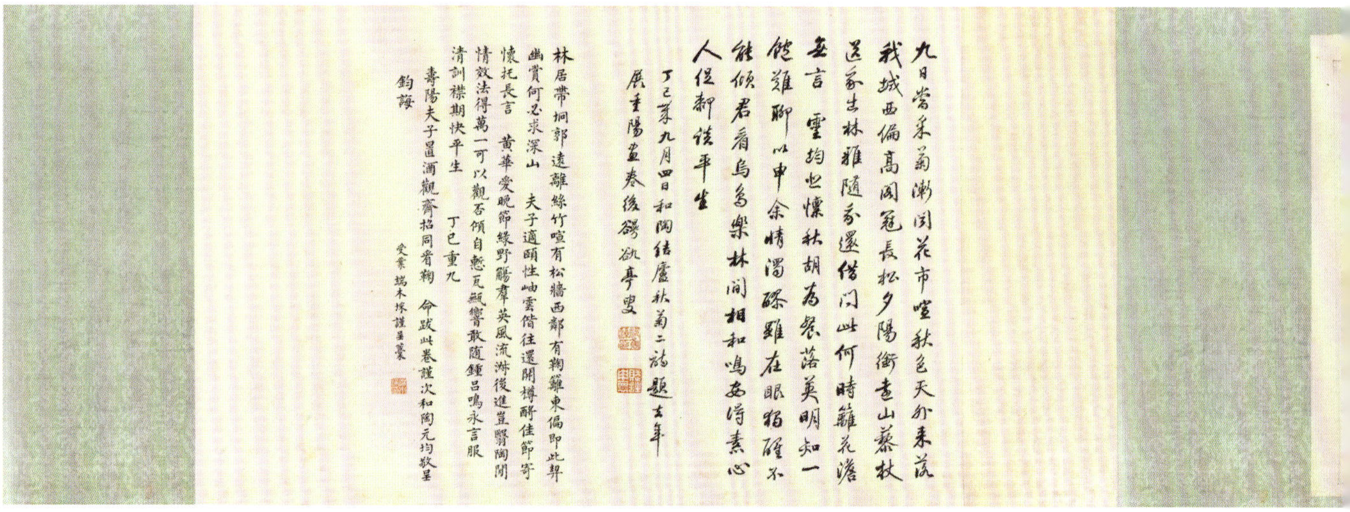

清·祁寯藻等　重阳诗图卷

绢本　设色
纵 99.5 厘米　横 35.2 厘米

此书画长卷以重阳节为创作主题，其中卷首绘数朵秋菊于篱笆前绽放。菊花的花瓣用写意笔法勾出轮廓线，然后加以着色，再以墨叶衬托，形成多层次的节律变化。画面设色淡雅清新，笔法灵活娴熟。落款：“叔父大人命绘，侄之鏁”。下钤朱文印“臣鏁信印”，旁有三枚朱文闲章为“怡青草堂”“代州张铭沛震”“发思古之幽情”。卷后有祁寯藻书以重阳节为主题的诗稿。落款：“丙辰岁立冬前一日祁寯藻初稿”。下钤一朱文印“叔颖手稿”。之后有雷春沼、乔守典、赵复正、观垒等十二人所题写的重阳诗稿，充分体现出了创作的宗旨。

秋父大人命绘
柱之録

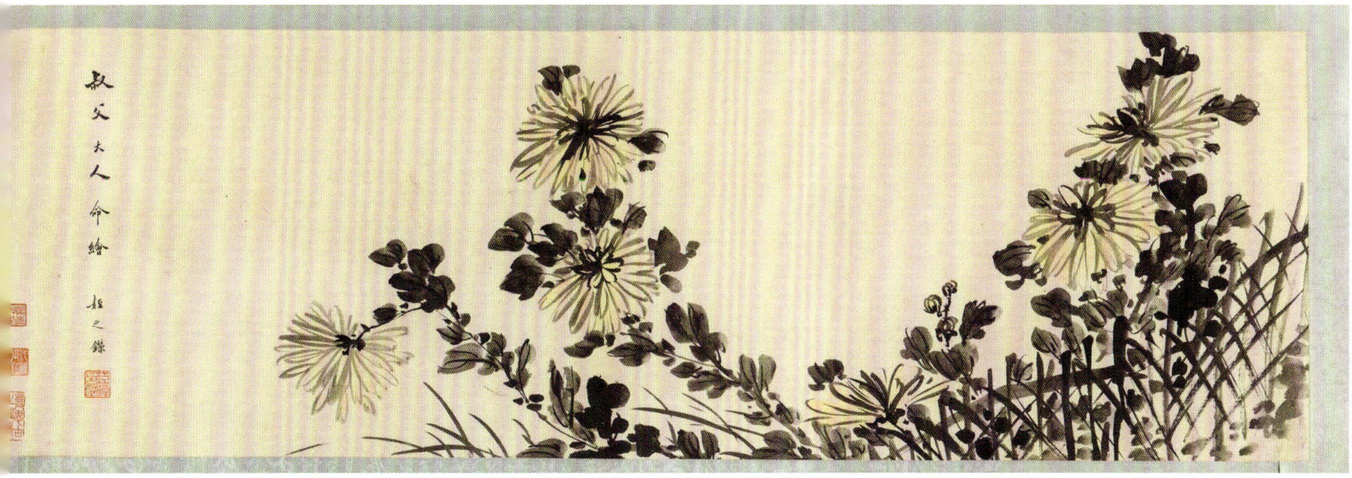

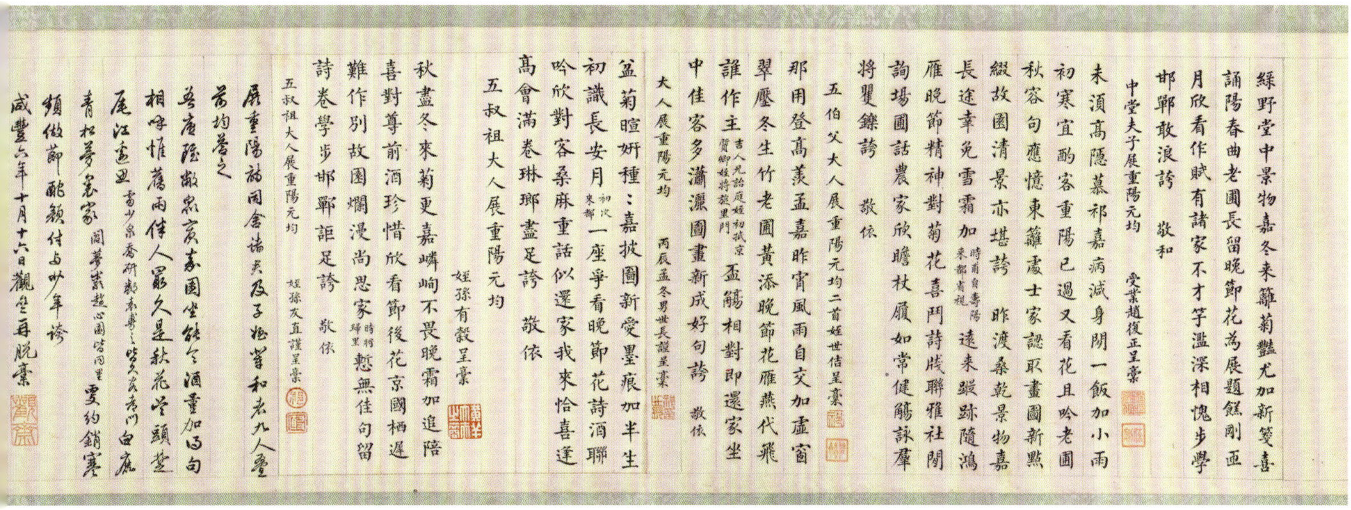

叔父大人命繪
姪之鑅

重阳诗图卷（局部）

通嶺上花晚節定知餘老圃清
芬還喜接鄰家（時余卜居南鄰）海南氣候
遲冬半莫羨坡仙九畹誇
姻愚姪閻汝弼呈稾

恭和
中堂老夫子展重陽元均敬呈
鈞誨
菊籬此日景偏嘉豔比重陽十倍加秋外光陰
珍晚節山中燮理到幽花小春宜醉新醅酒荒
徑逾開隱士家即席披圖悟詩格淡如自媿未
堪誇
受業喬守典呈稿

恭和
相國姨岳大人展重陽元均
豈有高懷擬孟嘉許陪東閣禮優加尊前
同對平泉酒籬下重看老圃花繞郭山光
晴送客（令姪孫質卿將還壽陽）隔牆秋色近移家（榮移居西齋）
蕭齋昨夜寒香染傲骨人間敢浪誇（蒙分惠菊花）
甥壻袁榮曾呈草

高會滿卷琳瑯盡足誇 敬依
五叔祖大人展重陽元均
姪孫有穀呈稾
秋盡冬來菊更嘉嶙峋不畏晚霜加追陪
喜對尊前酒珍惜欣看節後花京國棲遲
難作別故園爛漫尚思家（時將歸里）愬無佳句留
詩卷學步邯鄲詎足誇 敬依
五叔祖大人展重陽元均
姪孫友直謹呈稾

展重陽詩同舍諸君及子姪輩和者九人疊
前均答之
吾廬臨歲衆賓嘉圍坐鍾今酒量加同句
相呼惟舊雨伴人最久是秋花吳頭楚
尾江邊里（雷少泉喬研鄰袁專之皆久客京門）白鹿
青松夢裏家（閻夢嵒趙心園皆同里）要約銷寒
須做節酡顏付與少年誇
咸豐六年十月十六日觀生再脫稾

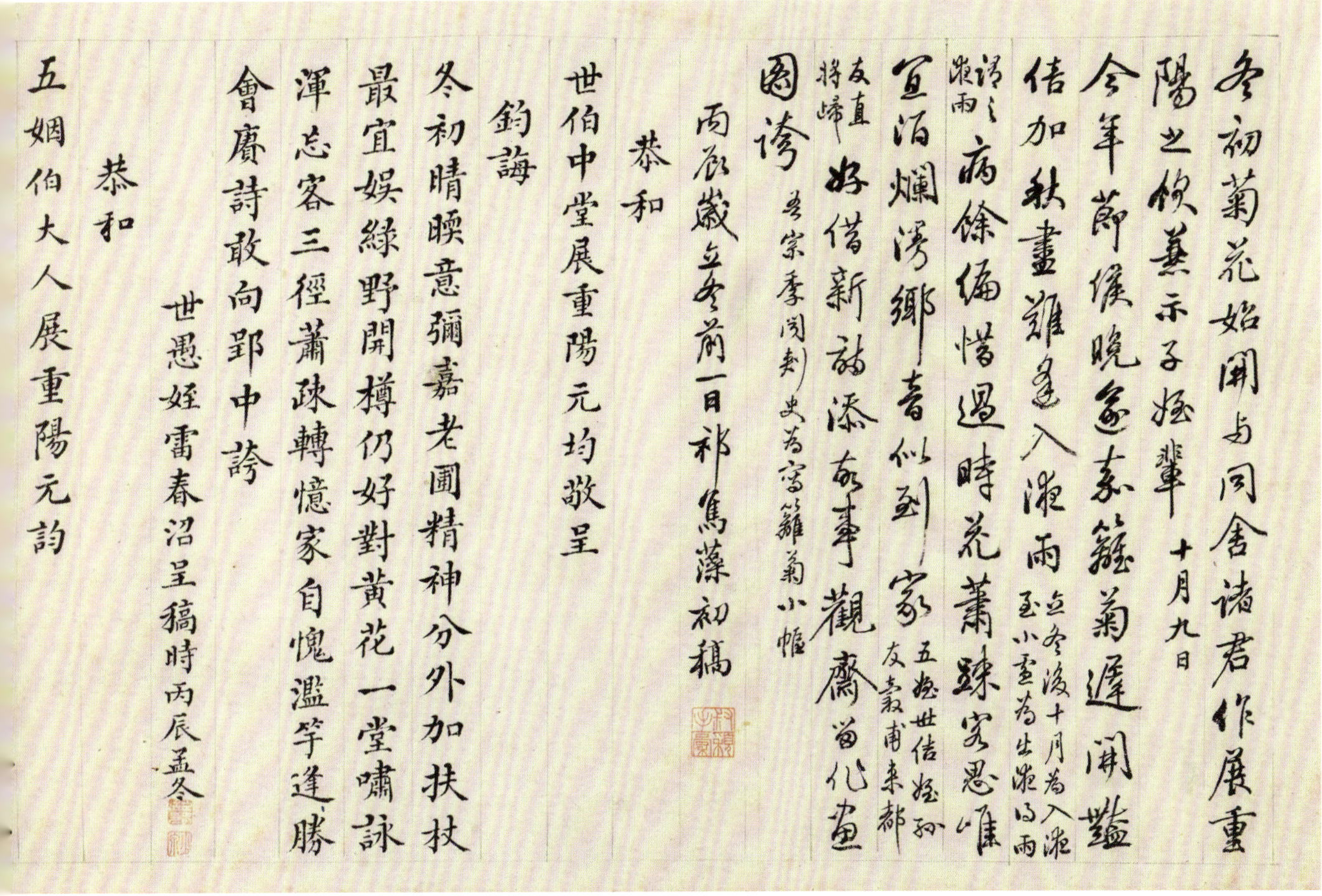

重阳诗图卷（局部）

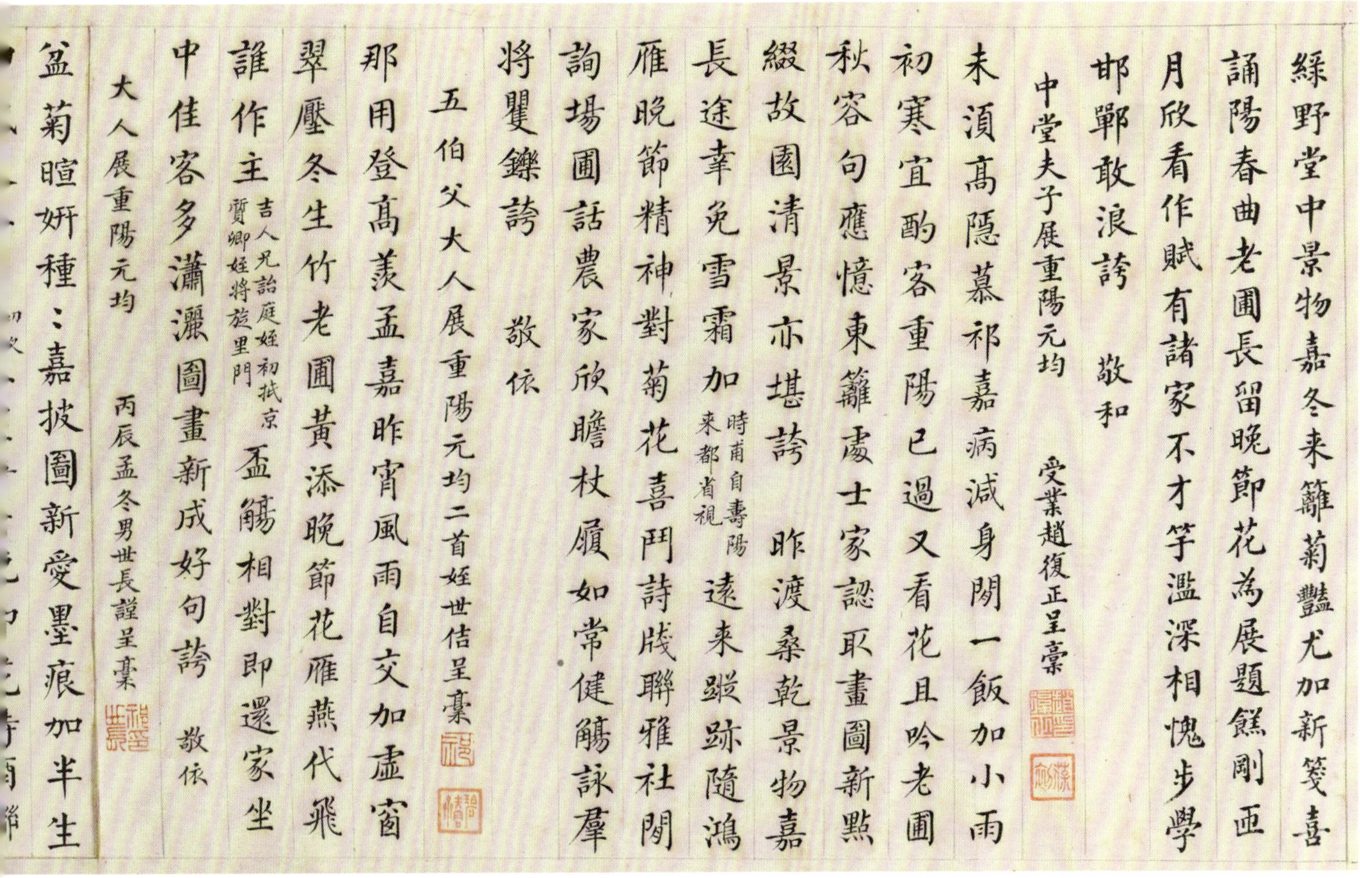

重阳诗图卷（局部）

清·戴熙　山水图轴

纸本　设色
纵 172.7 厘米　横 93.8 厘米

此画画面近景处以平坡杂树为主，山峦坡石平缓，房屋数间掩映在树石间，远处云雾缭绕，山石、树木隐现其间，提升了画面的意境。绘画技法上多用干笔皴擦来表现山石，然后以湿笔渲染，笔法精致细密，干湿并用，以表现山石的质感。整幅作品给人清新、文雅、淳朴、意境悠远的艺术气息。左上角题诗："亭台傍水涯，玉露涵风色。无心狎鸥群，有怀诗明月。知讶冰红花，点破秋波碧。"落款："时在丁未长夏日，抚元人法意，醇士戴熙"。下钤印二枚，一白文印为"戴熙"；一朱文印为"醇士"。"丁未"即道光二十七年（1847 年），可知此画是戴熙四十六岁时所画。

戴熙（1801 ～ 1860），字醇士，号鹿床，又号榆庵、井东居士等，浙江钱塘人，晚清书画家。戴熙于诗、书、画方面，均有精深的造诣，尤以画对后世影响最为深远。

山水图轴（局部）

山水图轴（局部）

山水图轴（局部）

清·张熊　仿周少谷秋芳图轴

纸本　设色

纵 132 厘米　横 35 厘米

此画右下角倚石斜出，石旁绘盛开的菊花数朵。花卉用没骨法表现，花叶以不同方向的笔触来暗示叶所处的空间位置。整幅作品设色淡雅清新，笔法灵活娴熟。左上角落款：“仿周少谷秋芳图，鸳湖子祥张熊，时年八十有三”。钤一白文印为“张熊私印”。

张熊（1803 ～ 1886），又名张熊祥，字寿甫，号子祥，晚号祥翁，别号鸳湖老人、鸳湖老者，浙江嘉兴人，擅画花卉，作品雅俗共赏。

仿周少谷秋芳图轴（局部）

仿周少谷秋芳图轴（局部）

清·周少白　兰石图轴

纸本　设色

纵 154.7 厘米　横 39.8 厘米

此画绘兰和奇石，构图奇巧，用浓墨写兰叶，淡墨画兰花，花心用浓墨点醒，兰叶穿插有致，透露出兰花的幽香和生机。石头用淡墨勾轮廓，然后使用皴擦表现明暗，画面丰富而多变。题诗：“缥缈悬崖石欲坠，猗兰开向春风可。诗人不怕压鬓眉，策马留连计犹左。”落款：“兰西客”。下钤一白文印为“少白书画”。

周少白（1806～1876），名周棠，字召伯、少白，号兰西，祖籍浙江山阴（今浙江绍兴），博学多才，篆刻、绘画书法等都很有成就，而以画成就最高。

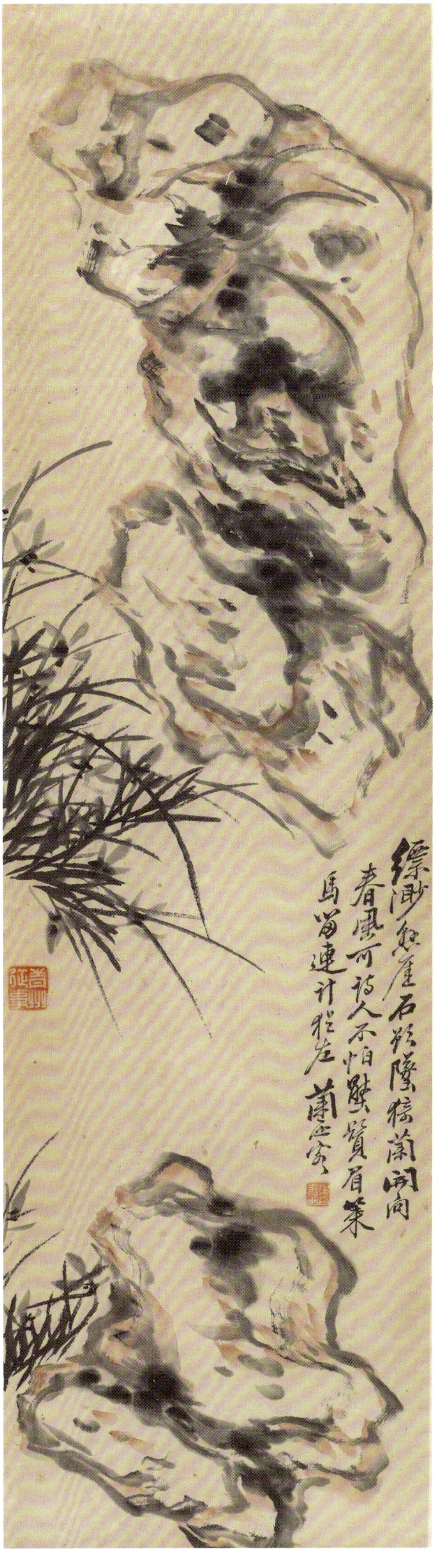

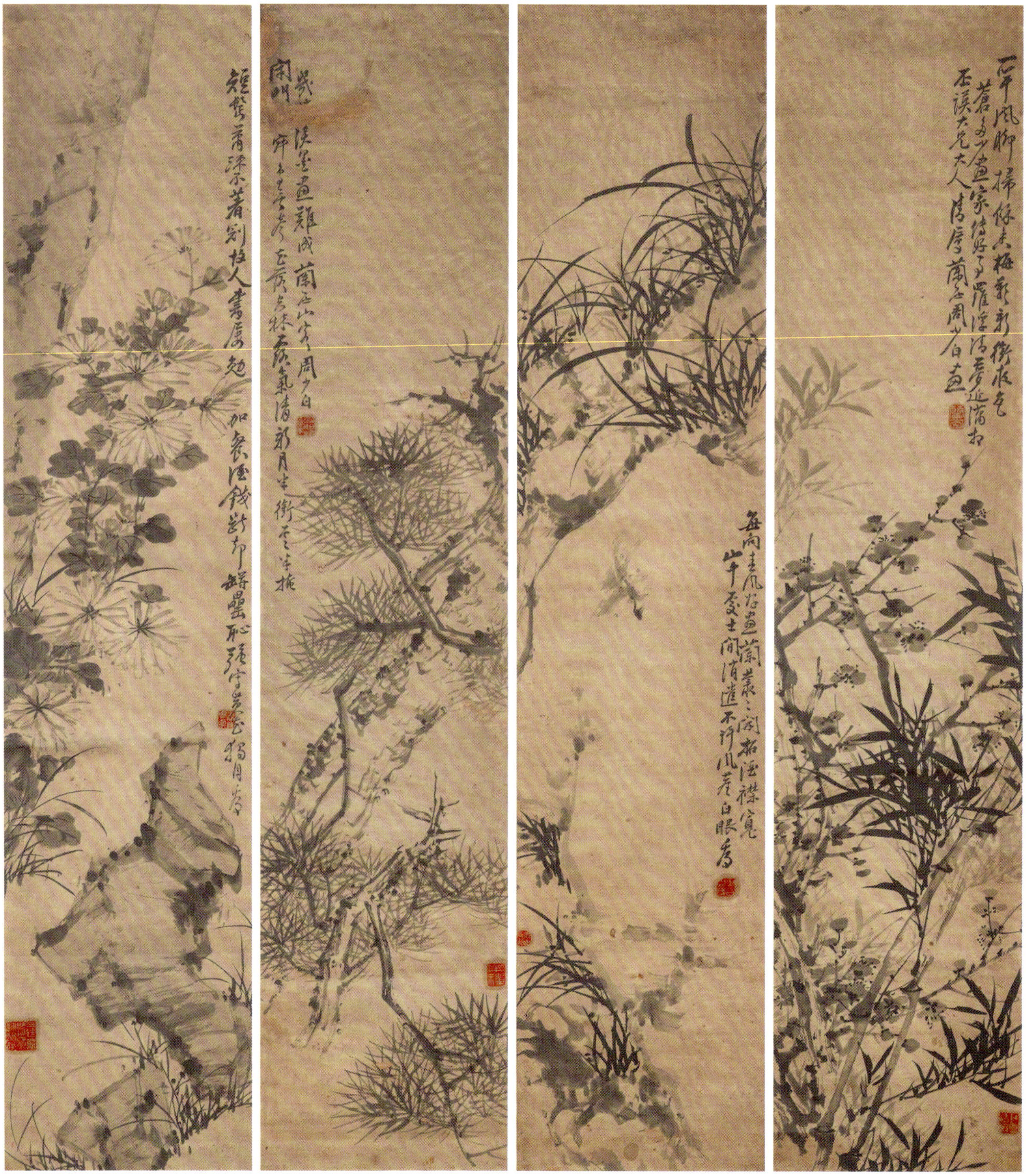

清·周少白　花卉四条屏

纸本　水墨
纵 127.5 厘米　横 28.5 厘米

这组花卉四条屏绘梅、兰、竹、菊、松、石等传统的绘画题材。画面墨色浓淡、干湿富于变化，笔法简练流畅，立意清新纯朴，体现了画家高深的艺术造诣。

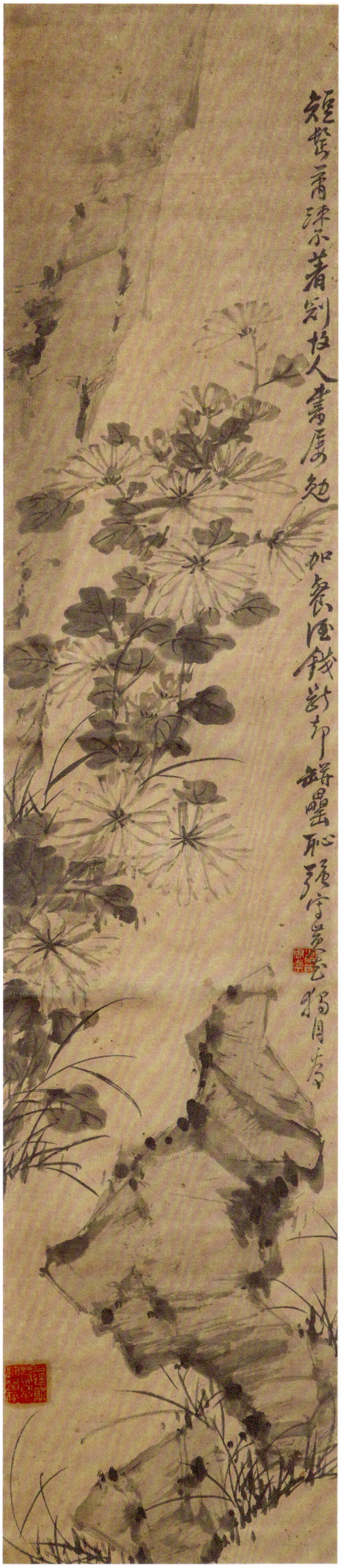

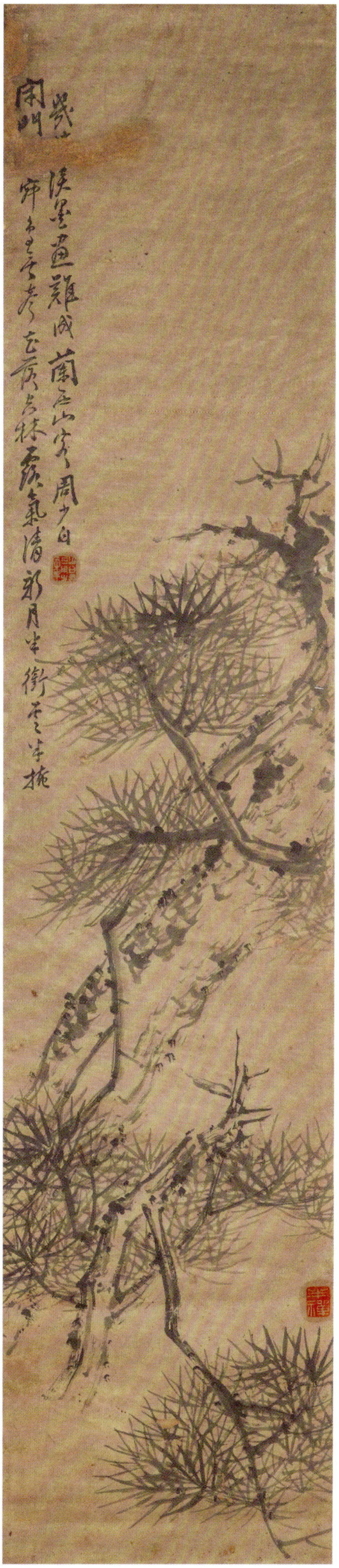

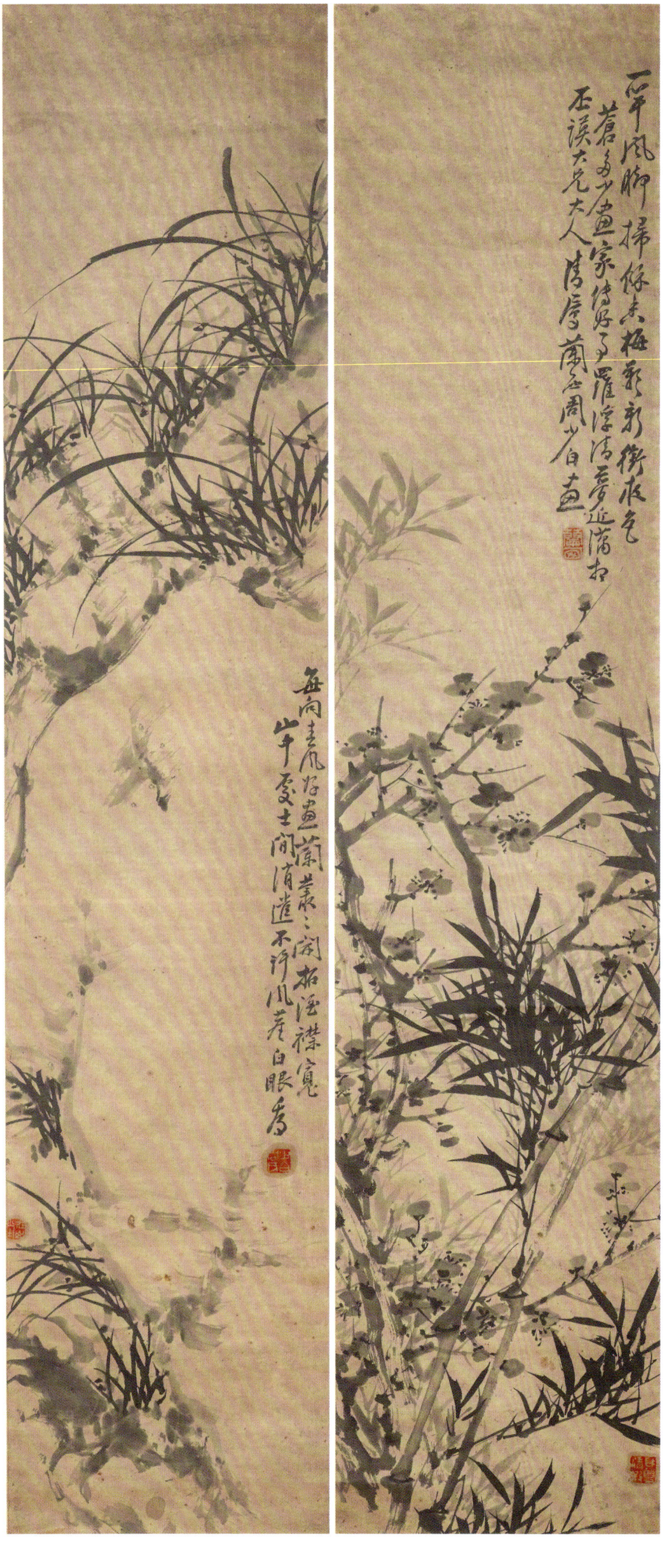

花卉四条屏（局部）

花卉四条屏（局部）

花卉四条屏（局部）

清·戴克昌　山水横幅

纸本　水墨
纵 93 厘米　横 197 厘米

此画是仿宋人米氏云山法绘制的山水画作品。近处的树木以浓墨一笔画出树干，叶子用大混点写出，更加的饱满，房屋错落有致地掩映于树丛之间。远山、树木没有作具体细致的描绘，只是用大小错落的横点写出山石的轮廓形状而已，上密下疏，上浓下淡，点与点之间自然随意地留出空隙。画面呈现出一种湿润感和朦胧美。左上角自题诗："阴浓雨气黑，倏变湖山色。颦效米家颠，乱泼云烟墨"。落款为："戊寅秋月雨窗，七十三叟丑石戴克昌写"。钤一白文印为"醜石戴克昌印"。

戴克昌，生于清嘉庆年间，号丑石，河北昌黎人。清代书画家，善绘山水，清末"京东八家"之首。

清·钱聚瀛　花卉石猫图轴

绢本　设色
纵 136 厘米　横 35.7 厘米

此画在画面近中心处绘一只黑白花猫蹲在石块上，石后面用没骨法绘出花卉，花枝斜出，弯曲有致。花猫造型准确，用笔写实细微，面部以精微的笔触描绘出五官细节，头部、背部和尾部黑色部分先以细线一笔一笔勾画出猫的毛顺走向，然后再用墨分层晕染，猫身则以白粉画出猫毛走向，更好地体现出层次而又毛茸茸的质感。左上角落款：“芝田宪台大人诲正，辛亥夏五月中澣拟新萝山人画法，于古盐署斋之养恬书屋，仙舫钱聚瀛”。下钤一白文印为“聚瀛”，画面左下角钤一朱文印为“南楼家学”。

钱聚瀛（1809～1868），字斐仲，号餐霞女史，别号雨花女史，浙江嘉兴人。嘉兴书画名家钱载曾孙女，山西布政使钱昌龄女。清朝女词人、画家，善花卉。

清·汪彦份　山水图轴

绢本　水墨
纵 76 厘米　横 42.7 厘米

此山水图轴是汪彦份晚年时期的作品，作于清光绪十三年（1887）。整幅作品构图疏密有致，山石与树木间开合有度。山石、树木用笔细腻，墨色清润，使画面有一种淡雅的气息。左上角落款为："曾见麓台司农巨帧，偶拟其意为金波仁兄大人雅鉴，丁亥十月汪彦份作于鄂垣寄卢"。下钤印二枚，一白文印为"彦份私印"；一朱文印为"同孙"。

汪彦份（1833～1893），字彦生，一作同生，一作同孙，江苏常州人。清中期著名山水画家汪昉之子，官湖北黄州府同知。精绘画，早期绘花鸟草虫，点染生动，中年后，更肆力于山水。

清·何维朴　秋日山居图轴

绢本　水墨

纵 77.5 厘米　横 50.5 厘米

此画中树木以中锋运笔双勾出树干，兼以淡墨稍作皴染，树叶主要以点叶法为主，穿插夹叶法，通过合理的排列组织来表现出层次空间，所点叶子疏密有致、浓淡干湿相宜；山石以细密的披麻皴皴出山体后加渴笔淡染，再以卧笔横点，整幅作品表现出深厚的笔墨功夫和平淡天真的艺术风格。左上角落款：“秋日山居仿湘碧老人笔，昔人喜作山居图，盖自写其脱弃尘鞅、萧条高寄之概。余不还山居者，近三十年，偶一图之，辄神往于苍岩翠樾间也。次廉一兄先生清赏，癸丑夏五诗孙何维朴”。旁钤印二枚，一白文印为“维朴之印”；一朱文印为“诗孙”。

何维朴（1842～1922），字诗孙，晚号盘止，亦号盘叟，又号秋华居士、晚遂老人，湖南道县人，清末著名书画家，为著名书法家何绍基之孙，工书画，以画山水而闻名，在晚清书画史上占有一席之位。

秋日山居仿湘碧老人筆
昔人喜作山居圖蓋自寫其
胸襟歷落蕭條高寄之概余不
還山居者近三十年偶一圖之輒
神往於蒼巖翠巘間也
次廬一兄先生清賞癸丑夏五
詩孫何維樸

秋日山居图轴（局部）

清·姜筠　山水图轴

纸本　设色
纵 87.5 厘米　横 43 厘米

此画以农民生活为主题，绘坡岸、房屋、农田、山石、树木等，展现一派生机勃勃的景象。画中通过以实至虚的手法表现画面的空间，苍润古秀，别有韵味，可见画家深厚的笔墨功底和准确的表现力。右上角题诗：“气韵半山得诗句，正是农家打稻时。”落款：“徐长卿句，甲寅二月仿耕烟散人笔法，大雄山民姜筠”。旁钤印二枚，一朱文印为“颖生”；一白文印为“臣筠之印”。右下角一白文印为“大雄山民”。

姜筠（1847～1919），字颖生，别号大雄山民，安徽怀宁人，光绪十七年（1891 年）举人，官礼部主事。

山水图轴（局部）

清·赵凤瑞　功名富贵图轴

纸本　设色
纵 127 厘米　横 64.5 厘米

此画绘一只昂首挺胸的雄鸡居于画心中下部，雄鸡旁绘几株盛开的牡丹花和一只飞舞的蝴蝶。雄鸡形体结构准确，毛羽质感蓬松柔软，笔墨写实生动，牡丹花头及叶皆大笔点染而成，枝茎及叶脉用线条画出。整幅作品画面饱满且气韵生动。雄鸡啼鸣报晓，牡丹则有富贵吉祥之意，作品寓意为“功名富贵”，这是晚清和民国时期非常流行的一种绘画题材。左上角落款：“功名富贵图，时于丁巳仲秋，摹白易山人之大意于古拜逍遥虑远屋室，五台赵凤瑞”。下钤一白文印为“凤瑞印”。

赵凤瑞（1858～1943），字岐卿、岐峰，晚号清凉老人，室名躄勤斋，山西五台人。清末民初画家，山水、人物、翎毛、花卉俱所擅长，尤工人物。

功名富贵图（局部）

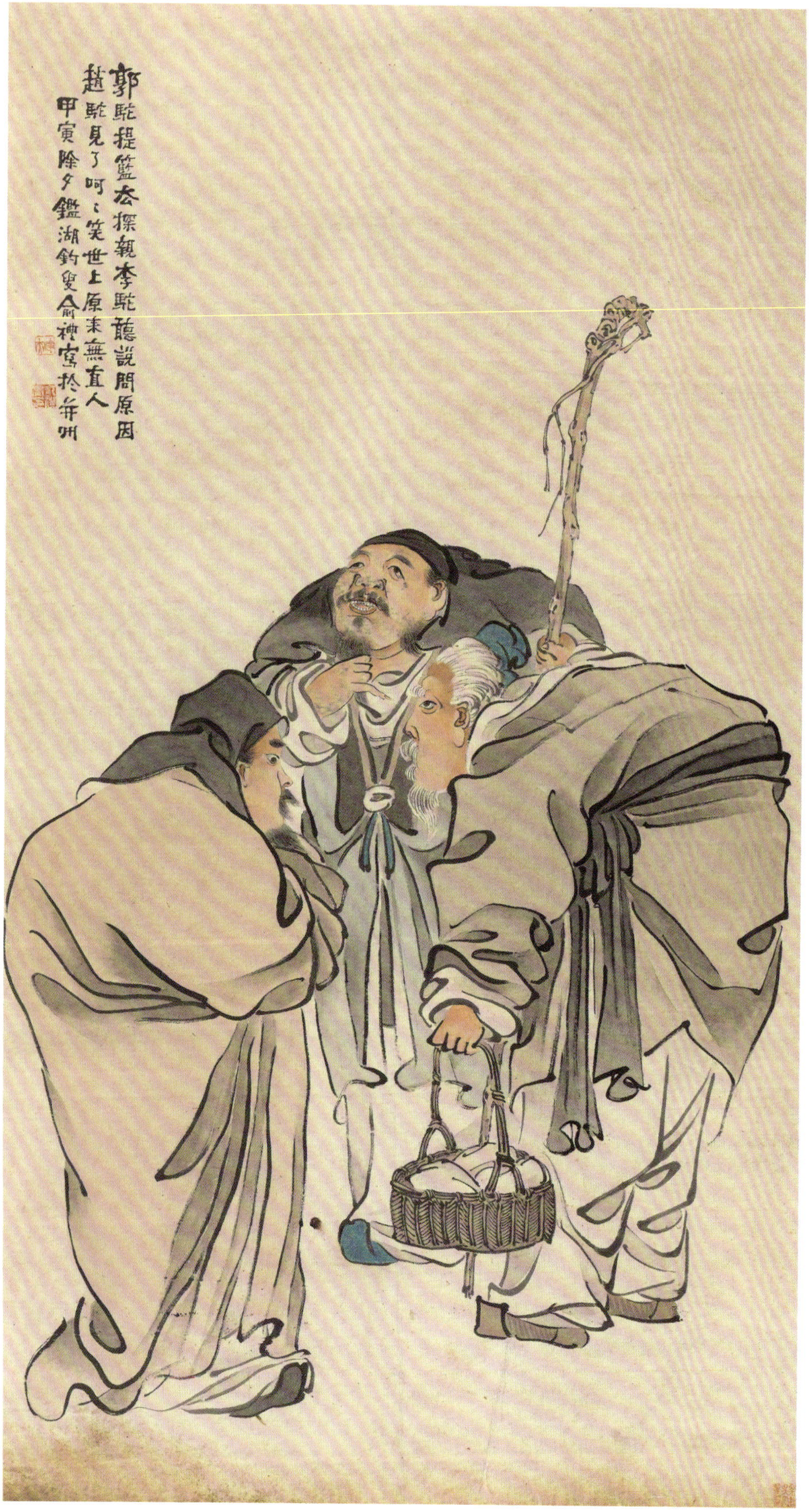

清·俞礼　三驼图轴

纸本　设色
纵 144.6 厘米　横 79.2 厘米

此画绘三个驼背的老者，形象滑稽，笑态可掬，衣服线条流畅，须发也不见勾勒痕迹，笔墨圆润，柔若无骨，体现出了高超的笔墨造型功力。左上角题诗："郭驼提盒去探亲，李驼听说问原因。赵驼见了呵呵笑，世上原来无直人。"落款："甲寅除夕，鉴湖钓叟俞礼写于并州"。旁钤印二枚，一朱文印为"达夫"；一白文印为"俞礼画印"。

俞礼（1862～1922），字达夫，别署随庵，浙江山阴（今浙江绍兴）人，清代海派画家，任颐高弟，擅画人物、山水、花卉，尽得师传。

三驼图轴（局部）

三驼图轴（局部）

清·陈康侯　三多图轴

绢本　设色
纵 107 厘米　横 51 厘米

此画绘一株松树，枝干延伸到了画面的上方，占据了画面很大空间，树下绘放爆竹的场景，画中还绘有古代人物画中常见的福禄寿，以蝙蝠、小鹿、寿星玩具巧妙地融入画面之中，寓意为“多福”“多禄”“多寿”，故此画得名“三多图”。画面构图密而不塞，虚实相生，用笔工写结合，反映出一种闲适、富有生机的生活状态。落款：“戊午嘉平月写，奉仰贤仁兄先生岁兆之喜，锡蕃弟陈康侯”。一朱文印为“康侯”。

陈康侯（1866～1937），字锡蕃，号风来堂主人，江苏扬州人，晚清扬州画坛著名书画家之一，擅画山水、人物、花鸟等。

三多图轴（局部）

子青仁兄大人雅正
笠仙弟吴树本

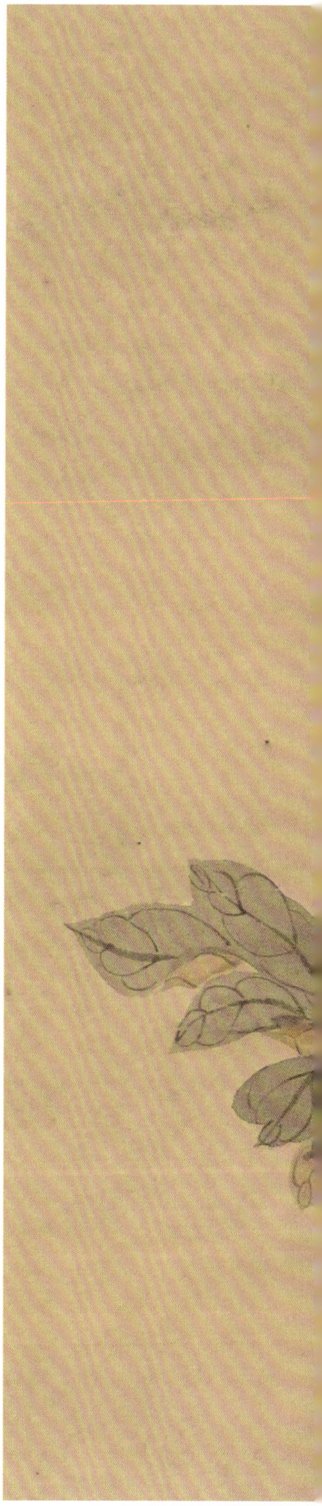

牡丹图轴（局部）

清·吴树本　牡丹图轴

纸本　设色
纵 108.5 厘米　横 38 厘米

此画绘牡丹，花开五朵，一红四白，红花周围以绿叶扶衬，红花雍容富贵，白花清雅大方，牡丹花叶的翻转向背都仔细交待。山石以淡墨勾勒出轮廓，再加以皴染。山石、牡丹相互映带，工写结合，色调和谐统一，高雅脱俗。右上角落款："子青仁兄大人雅正，笠仙弟吴树平"。下钤一白文印为"笠仙所作"。

吴树本（1869～1938），字笠仙，号餐英阁主，江苏扬州人，清末海派画家，擅画花鸟。

清·焦秉贞　观瀑图轴

纸本　水墨
纵 99.2 厘米　横 40.5 厘米

此幅《观瀑图》，是焦秉贞写意风格的作品。画面右下角人物的衣纹用精到的线条勾勒出来，衣领、袖口以重墨渲染，墨色干湿、浓淡相接，左上角几棵垂下来的松树，树干弯曲，延伸到画面右边，一股山泉从山间汩汩流下，右下角站在巨石上的人物神情闲雅悠然，似在观赏瀑布的壮观之景，一童子藏于老者身后。整幅作品从题材选取到画面中留白的处理，都流露着浓烈的文人思想，意境深远，给人以无限遐想。落款：“康熙已未秋月望日，济宁焦秉贞”。下钤一白文印为“秉贞”。

焦秉贞，清代宫廷画家，擅画人物、山水，多绘细密的楼台界画，其在绘画中多运用西方绘画的技法。

清・张廼耆
苍松八哥图轴

纸本　设色
纵 181 厘米　横 93.3 厘米

此画中绘一株古柏，4 只八哥在枝丫间顾盼私语。整幅作品笔墨清雅，结构精微，画面明快闲逸。左上角题诗:“古柏附藤萝，空山叫八哥。听他说些甚，树下几婆娑。”落款:“乙酉嘉平之望，寿民张廼耆”。下钤二枚白文印为“寿民”“廼耆之印”。

张廼耆，字寿民，号白眉，安徽桐城人，清代画家，工诗能书，尤精花鸟，善写巨松。

苍松八哥图轴（局部）

苍松八哥图轴（局部）

清·赵小沧　蜀道兴汉图轴

纸本　设色
纵 141 厘米　横 53.7 厘米

此画山石先以淡墨层层皴染，再以浓墨逐层醒破，笔法稳健细腻，布局实中有虚，整幅画作极为精彩。左上角落款：“大清光绪二十七年，岁在辛丑，菊月上旬八日，法关仝笔意写于云中茱竹斋之北牕下。七五老人癖画子小沧赵霁楼法画并题”。下钤印二枚，一白文印为“赵元龙印”；一朱文印为“小沧”。这幅山水画是赵小沧在清光绪二十七年（1901 年）75 岁时的作品。

赵小沧，生卒年代不详，清代书画家。

蜀道兴汉图轴（局部）

蜀道兴汉图轴（局部）

清·赵小沧　仿郑板桥兰石图轴

纸本　水墨
纵 84.5 厘米　横 28.5 厘米

此画绘常见的兰和石，兰叶用笔流畅，穿插有序，石则以润笔侧峰简单勾勒出轮廓，略作皴染，并且加以散落的浓墨横点。石与兰在简约的画面中相互呼应，达到了和谐。石上题诗：“植兰玉台下，气暖兰始萌。芬芳与时发，婉转迎节生。”下落款：“云中雾楼仿板桥”。左上角题诗：“婀娜花枝碧叶长，风来难隐谷中香。不因纫取堪为佩，纵使无人亦自芳。”下落款：“小沧”。

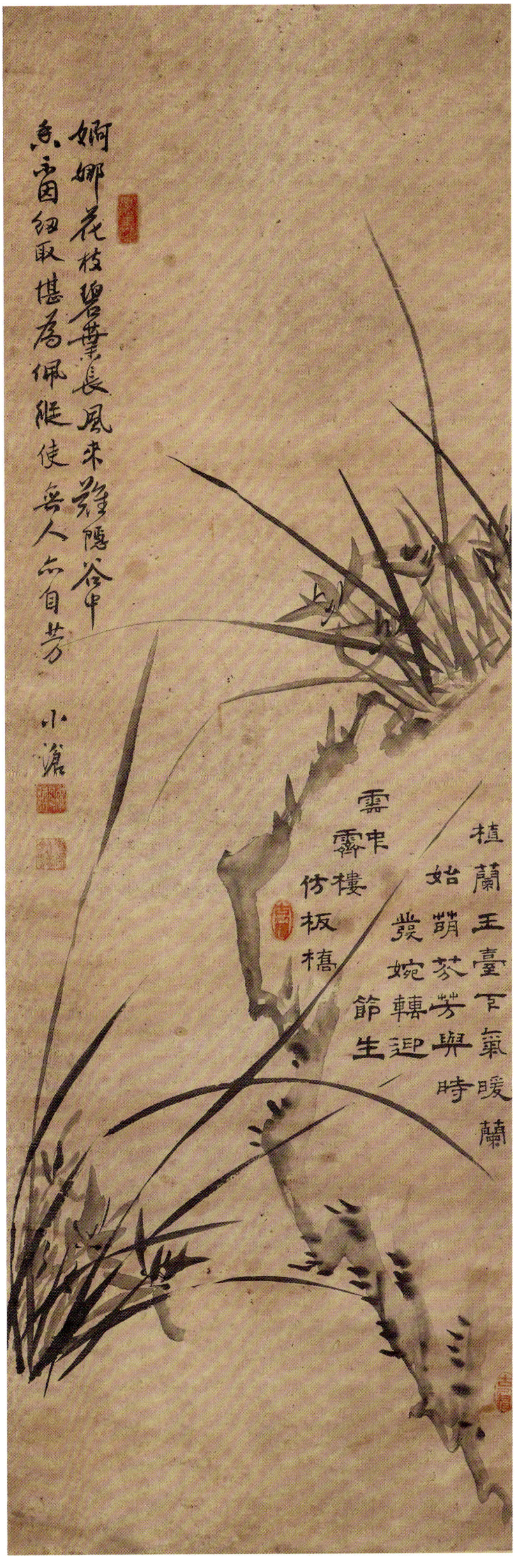

清·程谟　赏菊图轴

绢本　设色
纵 110.3 厘米　横 54.4 厘米

此画绘一株老松，树下站一位高士，前方一童子手握菊花，人物形象生动，衣纹线条精练，勾勒精细，松石皴法沉着老道。整幅作品构图简练，皴擦有度，清雅可观。右上角落款：“庚戌秋九月上澣，古吴程谟写”。下钤印二枚，一朱文印为“定夫”；一白文印为“程谟之印”。

程谟，字定夫，江苏吴县（今江苏苏州吴中）人，工山水人物，气息高雅。

清·洪范　竹石图轴

纸本　水墨

纵 128 厘米　横 58.4 厘米

此画绘两杆竹子迎风而立，竹下有一太湖石。画面构图简洁明快，用笔苍劲有力。竹叶墨色变化丰富，层次感分明。画家以豪放的笔力、浓淡相宜的墨色自由挥写，表现了竹子的勃勃生机。左下题诗：“笏润挹朝爽，尊凉借午阴。修篁初解箨，风动壁间琴。”落款：“梅溪六兄大人法鉴，石农洪范。”下钤印二枚，一白文印为“洪范之印”，一朱文印为“石农”。诗句旁钤“青林翠竹”葫芦形印，右下角钤一白文印为“翰墨留人间”。此画中诗、书、画、印相得益彰。

洪范，字养泉，号石农，安徽休宁人，清代画家，擅画花鸟。

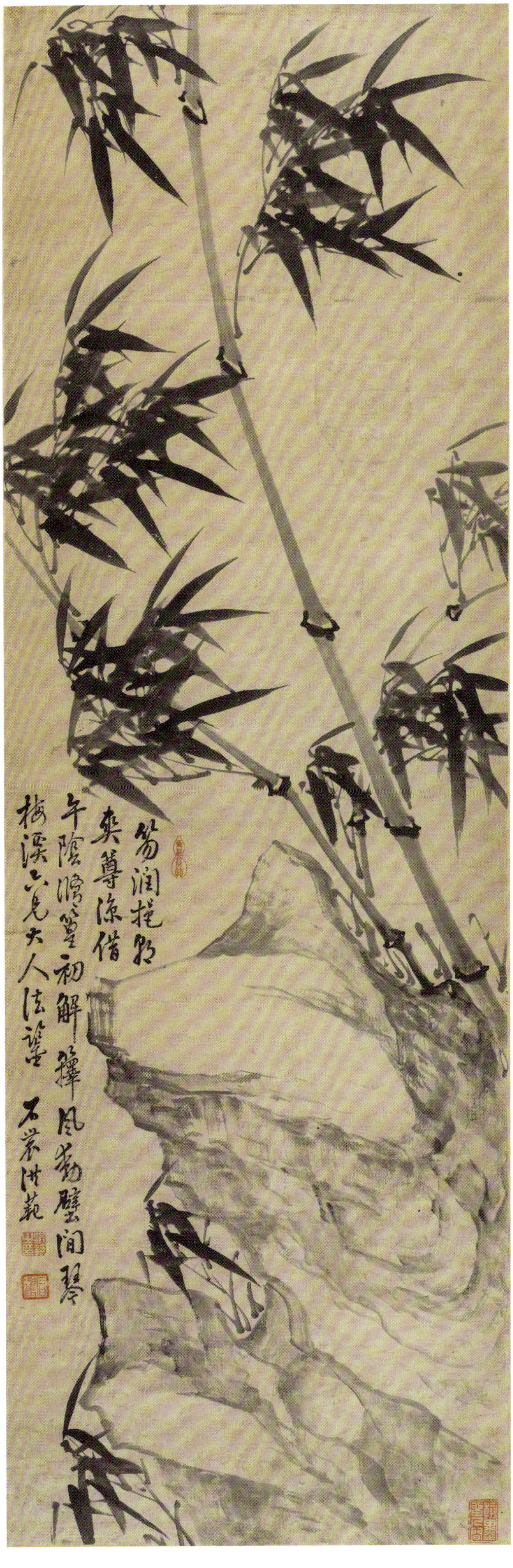

清·白云瑞　山水图轴

纸本　水墨

纵 110.5 厘米　横 49.5 厘米

此画右下角近景画坡石树木，树木中隐现房舍数间，先以淡墨写出枝干，然后皴染点叶；对岸远处山峦重叠，山峰用淡墨勾勒出轮廓，用润笔连皴带擦，山头用横笔点出丛林。此画构图精巧，层次分明，墨色干湿浓淡相结合，意境深远，显示了画家深厚的笔墨功力。右上角落款：“丙子初夏作于大同，子鉴仁兄法正，呈五愚弟白云瑞”。钤一白文印为“白云瑞印”。

清·陆钢　山水图轴

纸本　水墨
纵 94 厘米　横 39.5 厘米

画面近景处绘两株粗壮茂盛的巨松，树下站一位高士，树干以淡墨勾形，局部施以重墨，树身以干笔圈皴，松针先以淡墨写出，再施以浓墨，层次分明。画面中远景是连绵的山岭，水从山中流出，至低处汇成河。山体以细密而短促的牛毛皴写出，山顶和边缘处笔少而墨淡，山体的深暗处则笔多而墨浓，借以表现出山峦的层次和体积感。山间丛树用浓墨点染而成，与山体皴染融为一体。落款：“松岩仙馆，意在黄鹤山樵，笔力孱弱可愧也。光绪甲午十月”。下钤印二枚，一白文印为“子英摹古”；一朱文印为“浙东陆钢”。

陆钢，字紫英，浙江萧山人，擅山水，尤精临摹。

山水图轴（局部）

清 · 卢峋　山水图轴

纸本　水墨

纵 132 厘米　横 63 厘米

此画描绘辽阔的山川景色，远处崇山层叠，楼阁隐现于山间和丛林之中，山石用卷云皴皴出，一条河流从深远的山涧之处曲转流向前方，近处树木丛生，树叶用浓墨描写。画面虚实相应，层次分明，笔墨苍茫，意境深幽。左上角落款：“庚戌春日写，应丹崖寅长兄先生教正，襄平卢峋”。下钤印二枚，一白文印为“卢峋”；一朱文印为“字蕴年号卤岩”。

卢峋，生卒年不详，清代画家。

山水图轴（局部）

清・竹斋　山水图轴

纸本　水墨
纵 143 厘米　横 74 厘米

此画中远处的山峰雄伟，瀑布从山涧流下，山下林木密植，屋舍掩映，水从村舍中缓缓流出；崖壁上山路曲径通幽，道路上行人马匹，神形俱足；近处山石堆叠，山石上树木丛生，小路在山石树木中若隐若现。整幅作品，布局精美，山石用干笔淡墨勾勒，然后用湿笔皴擦，浓墨横点点缀，转折处多见棱角，结构工整严谨，主次有序，气脉贯通。右上角题诗："室静山高古树连，骚人回顾话悠然。前行不见蚕丛道，未识意趣向何边。"落款："竹斋"。

山水图轴（局部）

书法

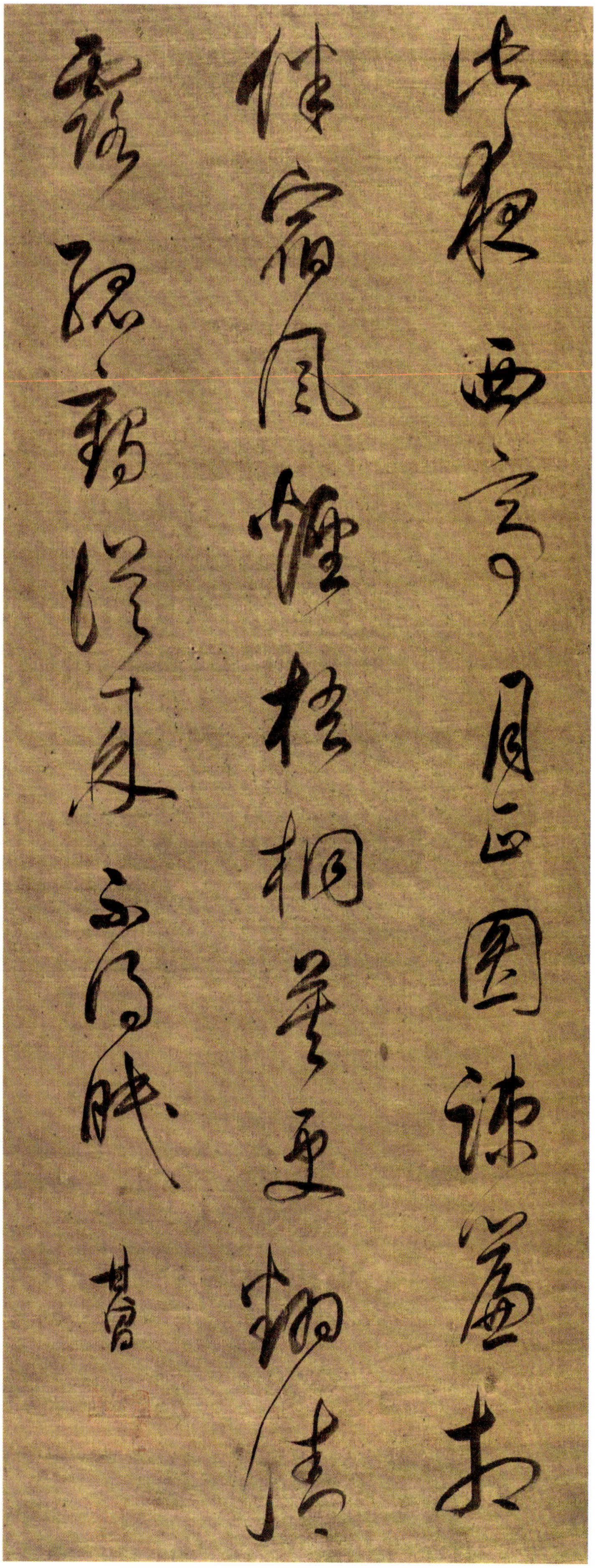

明 · 董其昌　草书七言诗轴

绢本

纵 131 厘米　横 51.8 厘米

释文：“此夜西亭月正圆，疏帘相伴宿风烟。梧桐莫更翻清露，孤鹤从来不得眠。”落款：“其昌”。诗轴左下角钤白文印二枚，分别为“宗伯之印”和“董氏玄宰”。整幅作品多中锋用笔，用笔清淡、精到。另外，作品在章法上也很有特点，字与字之间，行与行之间比较宽，疏朗匀称，十分的漂亮，这正体现出了董其昌追求平淡古朴的艺术趣味。

董其昌（1555～1636），字玄宰，号思白，上海松江人，明代著名书法家、画家及美术评论家，他的书法、绘画对后世影响很大，与张瑞图就有“南张北董”之称。

草书七言诗轴（局部）

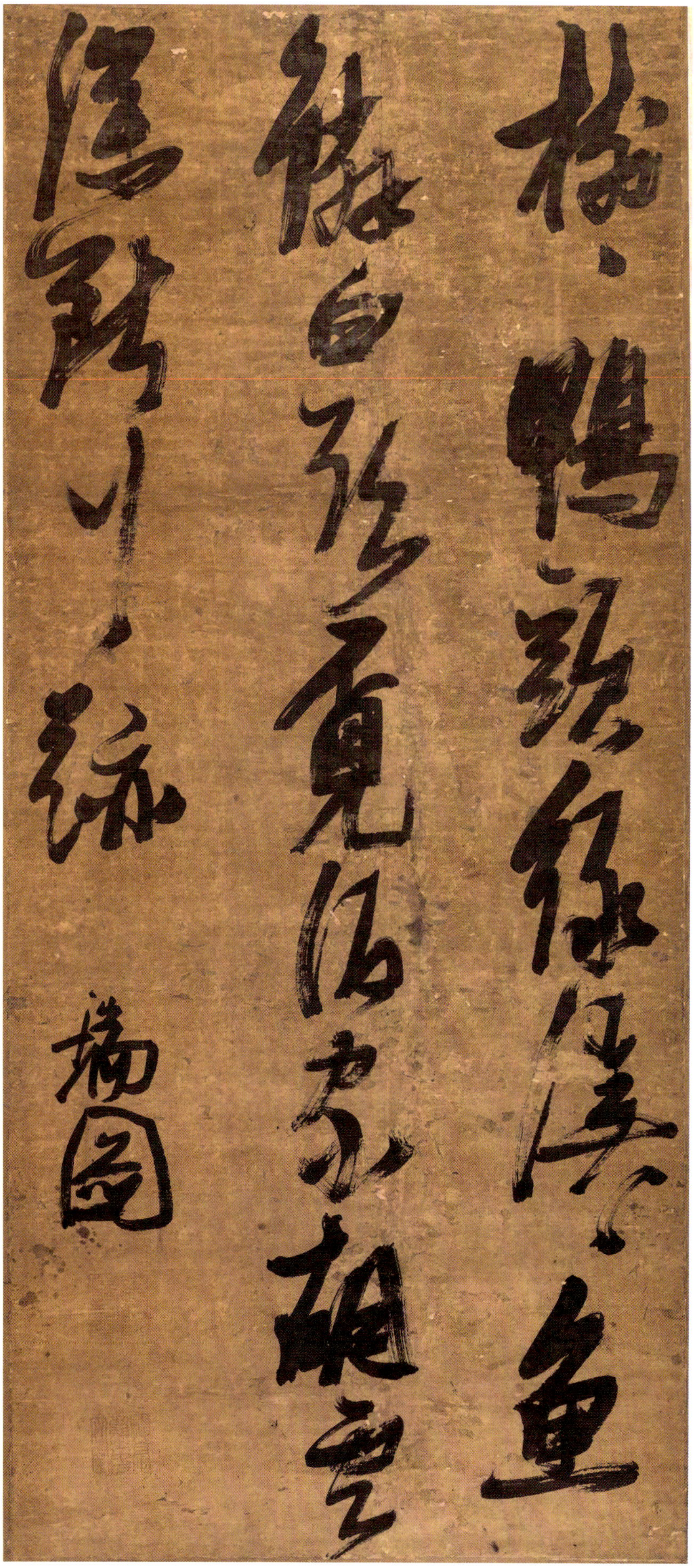

明·张瑞图　草书五言诗轴

纸本
纵 170.6 厘米　横 77.6 厘米

释文："树树鸭头绿，溪溪鱼鳞白。欲觅酒家胡，云深断行迹。"落款："瑞图"。作品用笔主要以方折直线为主，笔画干脆利落，节奏爽朗分明，气格高古，毫无雕琢之迹。整幅作品笔势协调、行气连贯，通过笔画粗细、疏密、方圆的变化，表现出动态之势；点画、字形之间相互呼应，达到了密而不窒、疏而不空的艺术效果，表现出强烈的力感，动荡的气势，令人耳目一新，很好地展现了书家书法作品的风格。

张瑞图（1570～1644），字长公、无画，号果亭山人，福建晋江人，明代官员、书画家。

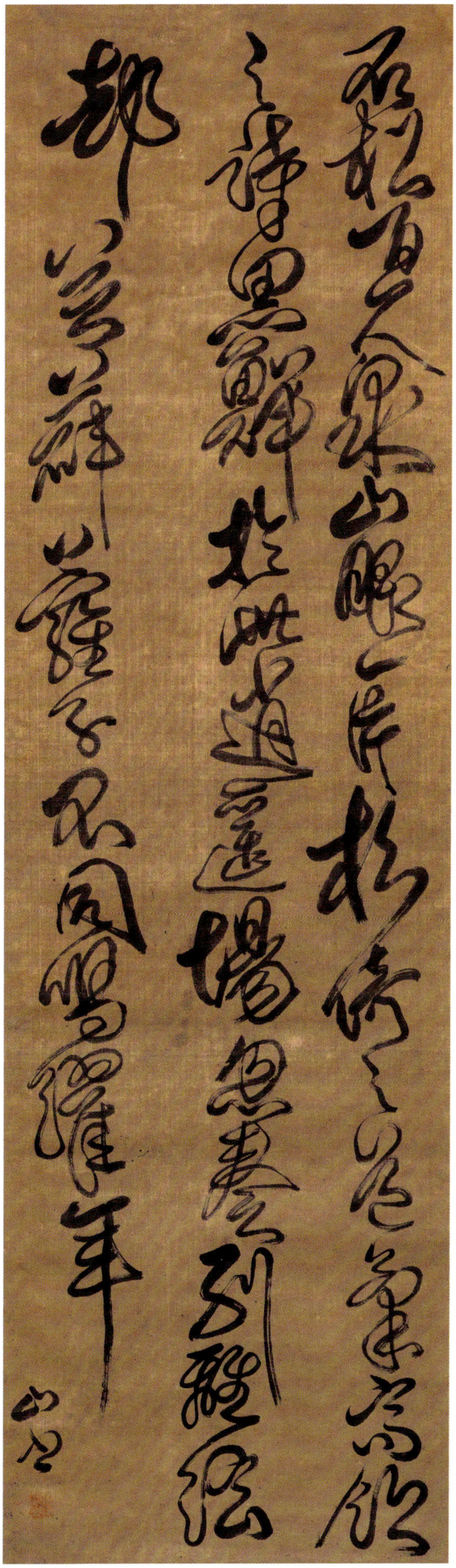

明·傅山　草书《孟郊山中送从叔简赴举》诗轴

绢本

纵 170 厘米　横 53 厘米

释文：“石根百尺泉，山眼一片杉。倚之道气高，饮之诗思鲜。于此逍遥场，忽奏别离弦。却笑薛萝子，不同鸣跃年。”落款：“山书”。整幅作品线条流畅，给人很强的动势和极好的连续感，线条的粗细浓淡变换给人视觉上的丰富之感，充分体现了书家的独特风格。

傅山（1607～1684），字青竹，改字青主，号朱衣道人、石道人、松侨老人等，山西阳曲人，明末清初思想家、书画家、文学家。

分栽之易親水就多氏咸惟故君子賞
風霜自挾與衆鳥親
花冠傲玉可以花強暮深居簡出可以
郤媚獸定心審雄可以郤尾紳之
弱庸媒官非使士弑嗜學之抓其心
主熙霄頋日之上則天以無可愛
之
莊子令人放離驚令人遠新譜宕
人不僞小說令人不懶
以看世之青白眼轉而看書則醒賢
之真是議以論人之雌黃口轉而論史
則左狐之真是非
梅頋生香與楷飲噱莒當更之見詩
七種之美笑翫彰老之別以花之斷爲遊
子之舟舊飲宽日賦詩而藏

松倚老人山

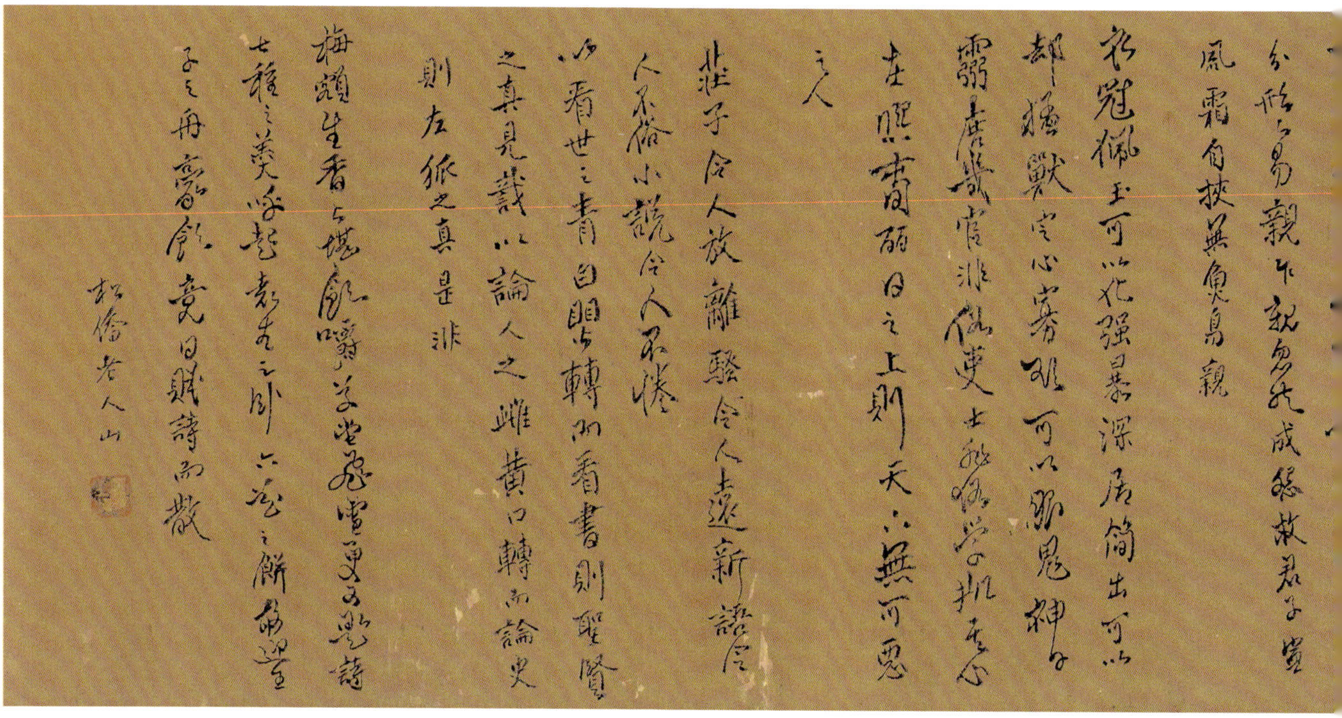

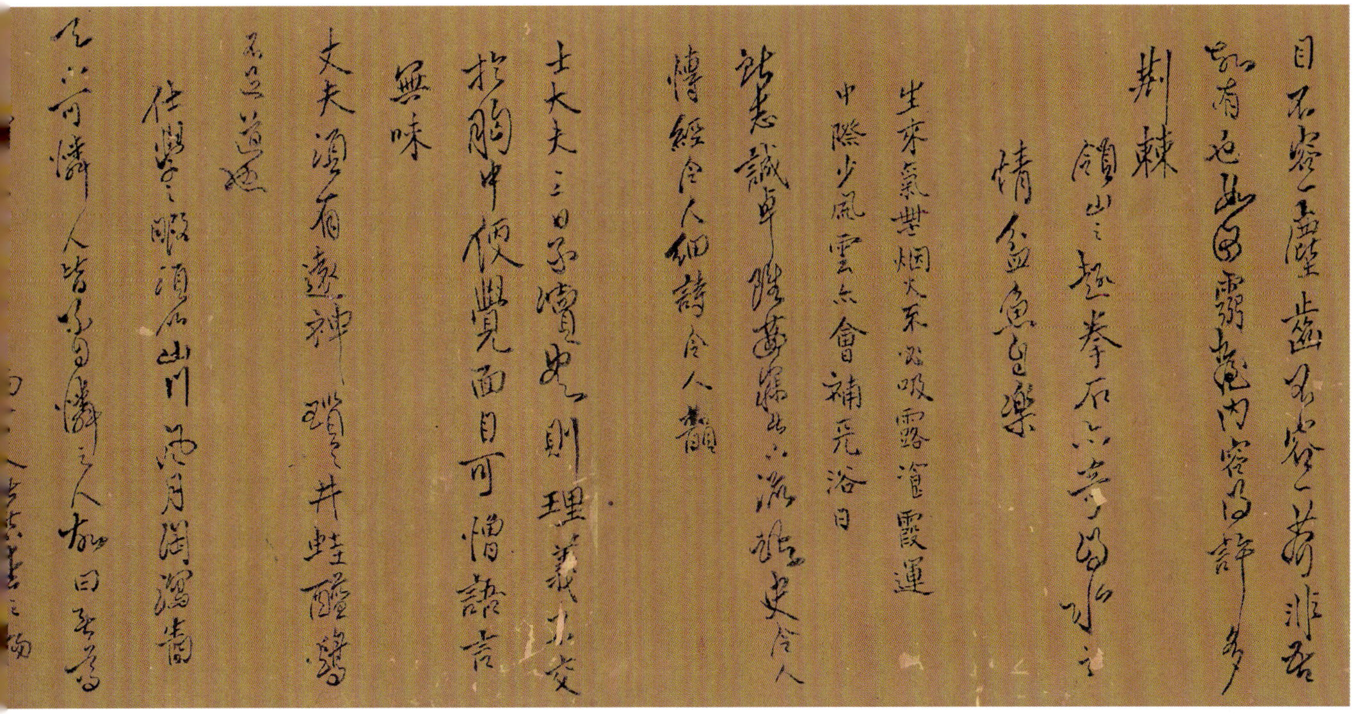

明·傅山　行书长卷

纵 27.5 厘米　横 110 厘米

释文：目不容一尘，齿不容一芥，非吾固有也。如何灵台内容得许多荆棘。

领山之趣，拳石亦奇；得水之情，盆鱼自乐。

生来气无烟火，不必吸露湌霞；运中际少风云，亦会补天浴日。

所志诚卓，虽梦寐者，下滋□。史令人博，经令人细，诗令人韵?

士大夫三日不读史，则义理不交于胸中；便觉面目可憎，语言无味。

丈夫须有远神，琐琐井蛙醯鸡不足道也。

仕学之暇，须以山川风月淘泻眚，天下可怜人皆不自怜之人，故曰无为人所怜；天下可爱之物，皆人所共爱之物，故曰不夺人所好。落落难合，一合便不可分，形形易亲，乍亲忽然成怨。故君子宁风霜自挟，无鱼鸟亲。

衣冠佩玉可以化强暴，深居简出可以却猛兽，定心寡欲可以服鬼神□灵，庶几官非俗吏，士非俗学，□其心在熙春丽日之上，则天下无可恶之人。

庄子令人放，离骚令人远，新语令人不俗，小说令人不倦。

以看世之青白眼，转而看书，则圣贤之真见识；以论人之雌黄口，转而论史，则左狐之真是非。

梅额生香，已堪饮嚼，草堂飞雪，更可题诗。七种之羹，呼起袁生之卧；六花之饼，敢迎王子之舟。豪饮竟日，赋诗而散。

落款：“松侨老人山”。整幅作品潇洒奇逸，气韵连贯，用笔流畅，字距、行距、大小疏密参差有致，在变化中可见统一，充分体现了书家书法艺术之特色。

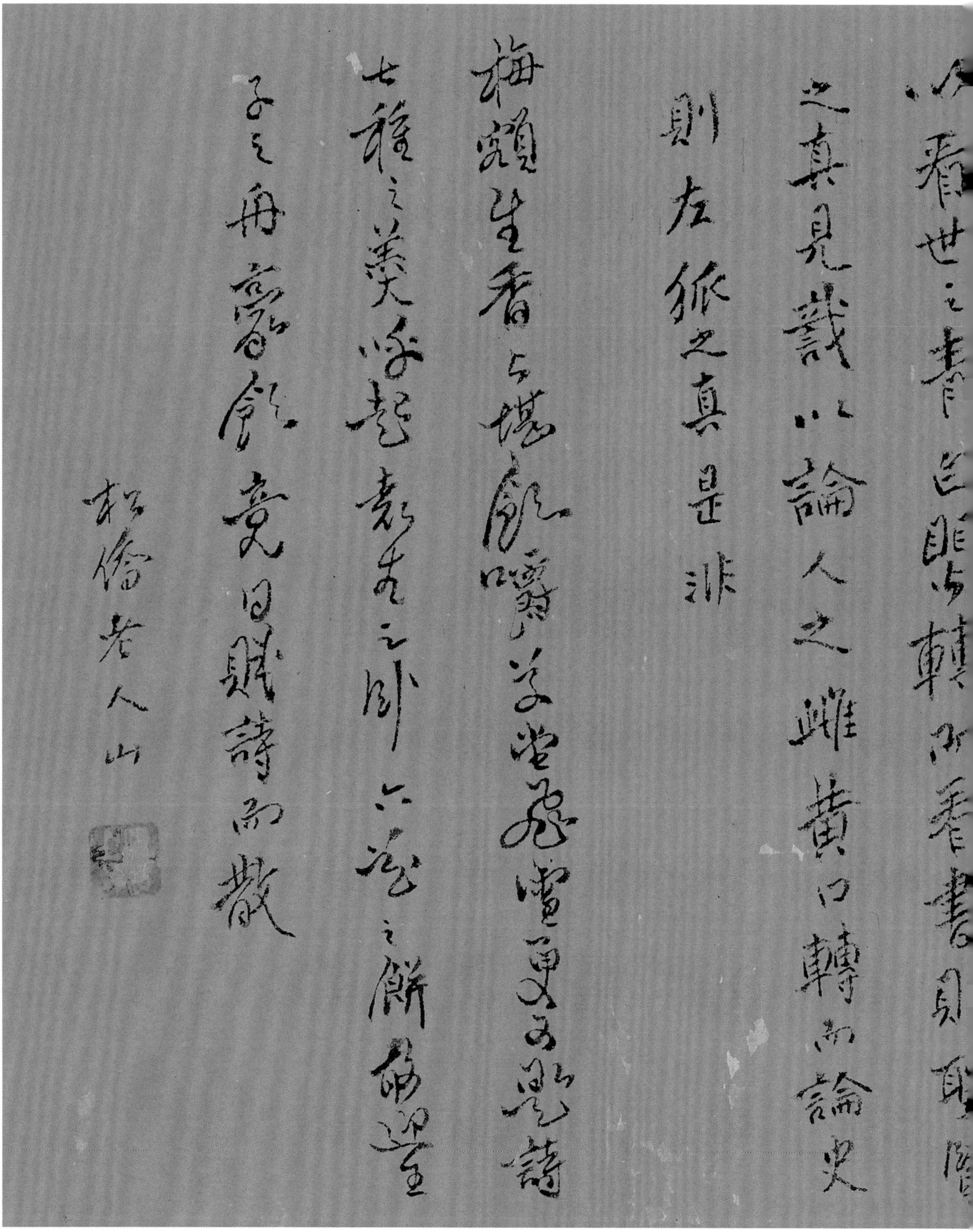
之真見識以論人之雖黃口轉而論史
松侨老人山

名冠佩玉可以化强暴深居简出可以
却猜默可以卫心荡乱可以却鬼神也
霉虐兼官非徒更士雅好学之机会公
去照青丽日之上则天六无可思
之人
壮子令人放离骏令人去远新语含
人不俗小说令人不倦

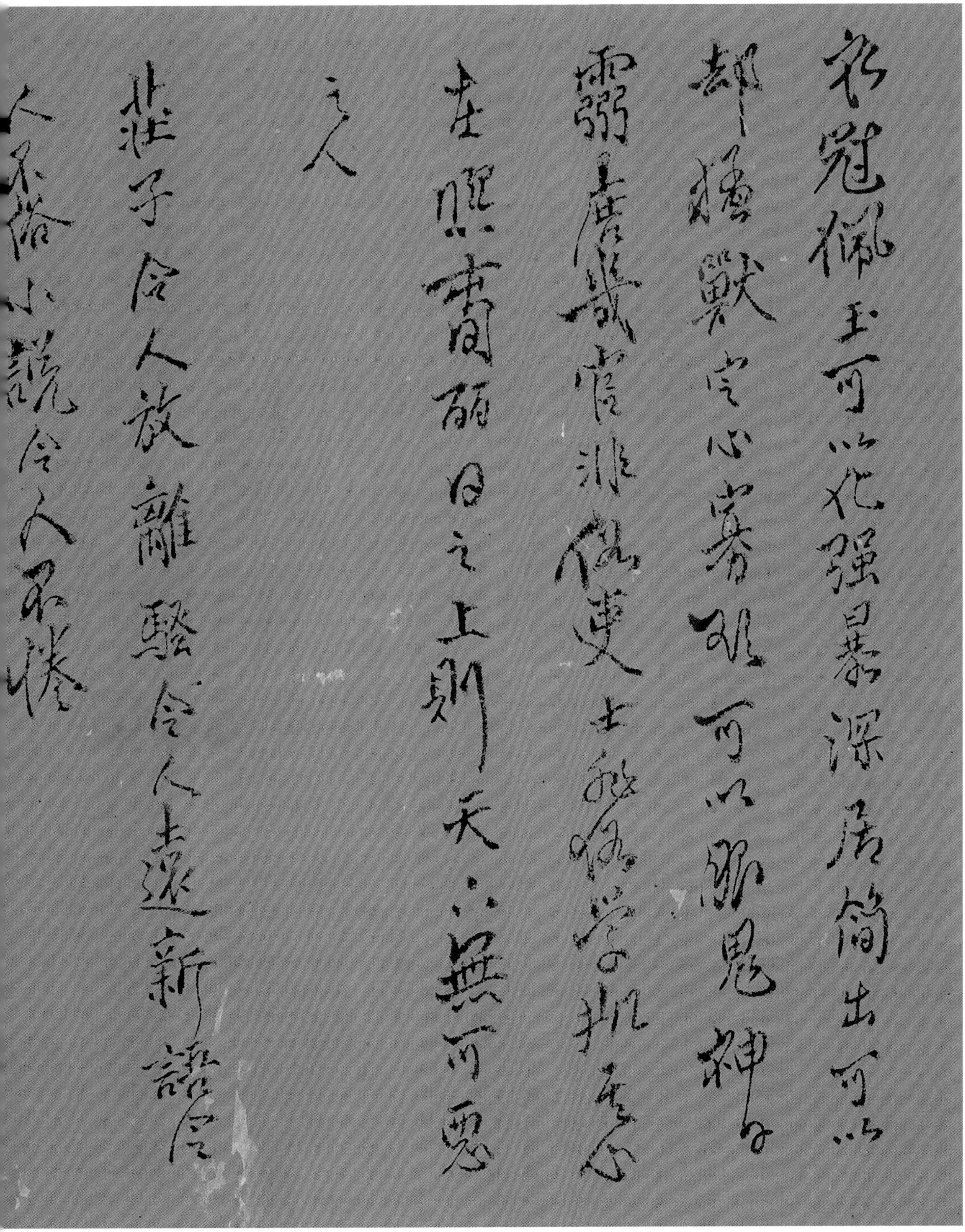

行书长卷（局部）

明·朱延禧 《庄子·养生主》等长卷

纸本

纵 8.8 厘米　横 537 厘米

此长卷是明万历时期的作品，全轴共分为 5 段，行书或楷书书写有《养生主》《招隐士》《韩幹画马赞》《师子屏风赞》等内容。段末都钤一白文印为“朱延禧印”。

朱延禧，字允修，山东聊城人，万历二十三年（1595 年）进士，授为翰林院检讨，后升任礼部右侍郎。

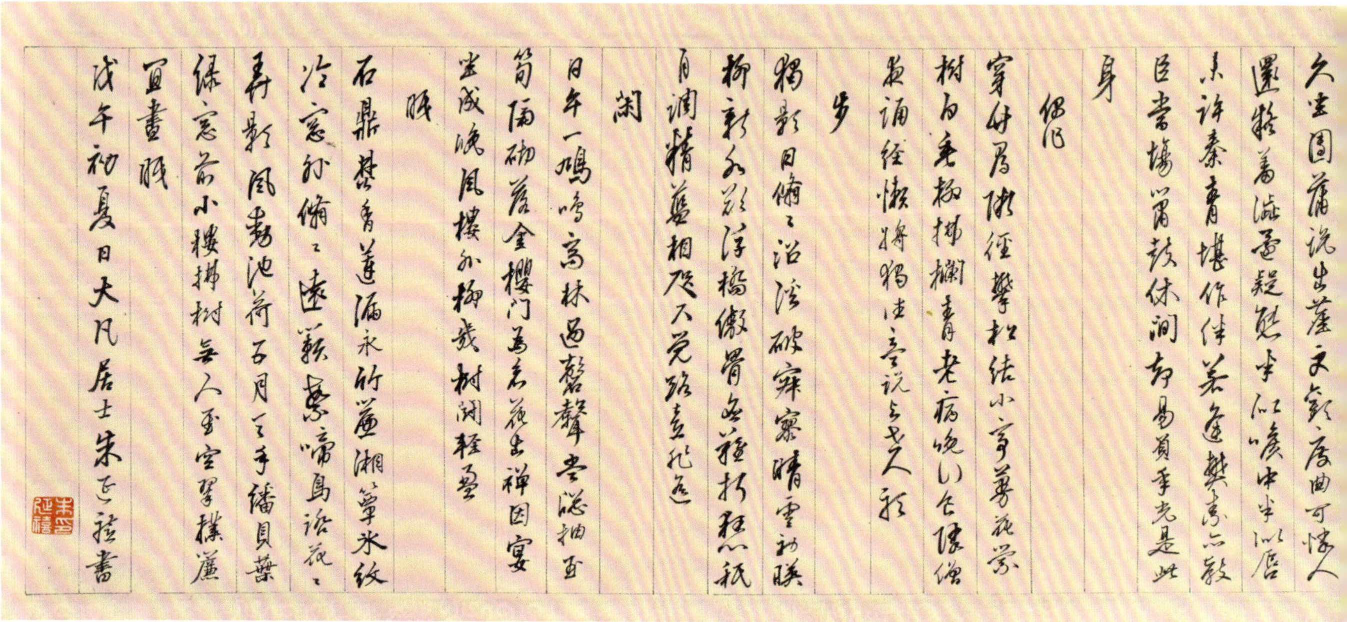

養生主

吾生也有涯而知也無涯以有涯隨無涯殆已
已而為知者殆而已矣為善無近名為惡無近
刑緣督以為經可以保身可以全生可以養
親可以盡年庖丁為文惠君解牛手之所
觸肩之所倚足之所履膝之所踦砉然嚮
然奏刀騞然莫不中音合於桑林之舞乃
中經首之會文惠君曰譆善哉技蓋至此乎
庖丁釋刀對曰臣之所好者道也進乎技矣
始臣之解牛之時所見無非牛者三年之後
未嘗見全牛也方今之時臣以神遇而不以
目視官知止而神欲行依乎天理批大郤
導大窾因其固然技經肯綮之未嘗而
況大軱乎良庖歲更刀割也族庖月更
刀折也今臣之刀十九年矣所解數千牛
矣而刀刃若新發於硎彼節者有間而
刀刃者無厚以無厚入有間恢恢乎其於遊
刃必有餘地矣是以十九年而刀刃若新發
於硎雖然每至於族吾見其難為怵然
為戒視為止行為遲動刀甚微謋然已
解如土委地提刀而立為之四顧為之躊躇
滿志善刀而藏之文惠君曰善哉吾聞庖
丁之言得養生焉文惠君見右師而驚曰
是何人也惡乎介也天與其人與曰天也非人
也天之生是使獨也人之貌有與也以是知其

積麥作

麥晴隴二聖徐步歷桑麻村婦俺農
桑田傭作主謀多應四十斛富於抵
豪家辦官中眠無磨租麥牙
病憐吾耶事私生竟何言喜得田多執西
郭農庵勤授林若孫樹刈麥忠黄雲
沍際城中佳勞之日無暇
生百畝生田野作歲侵牧人來輕
更令少深心造遂青睛語間嘆鳥
青村庵何以以蔡鹿人長林
有園喜員郭孫歲涸蓮茜不及田中
樂風春麥以湧蒸蓁如野窨法沼四
村礎日善繅林卧留鵲牛惰高
室遠二十齡府稟昌蕭於臺搗其懷
我来年有天新美饒隴上農繁統門
前君事農共全散局天下完
第兄妻具東彈絲麥游間按射晚牙
田歲月積耘恩吾胃此湘
白和向眶紅肉各謀花鄰田家野正殷
宣羽日來烹魚村中老不開青雲得調久
臺將野老言爆胃註明来
鳴鳩主屋上後一雨又青時種至歌無作
策場事不牯檻塘積栗之伏瓶稻蓮
歲宴相逢一叱真羊幸見之

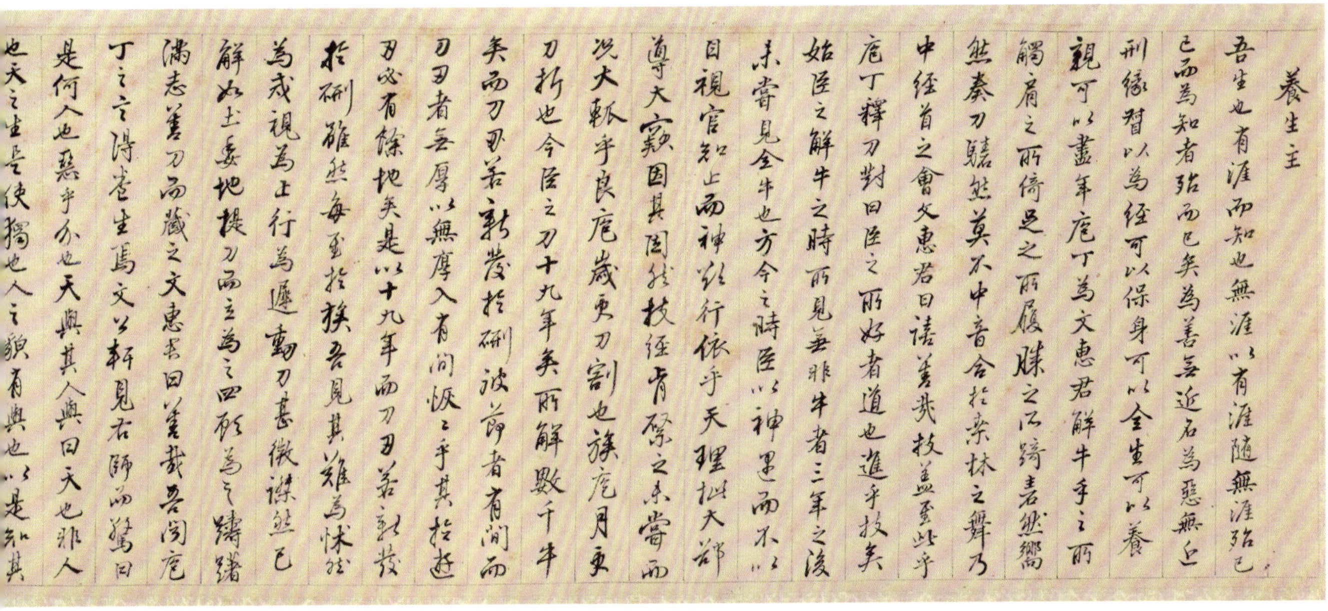

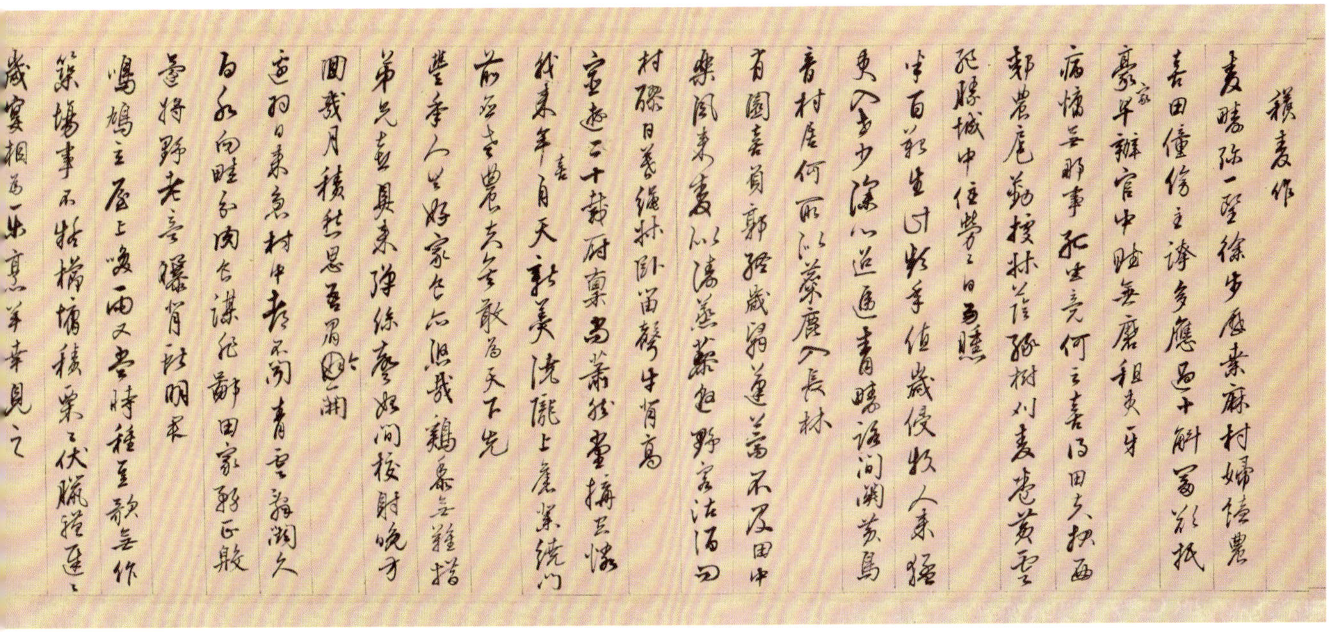

清·龚贤等　诗稿长卷

纸本

纵 24 厘米　横 511 厘米

此诗稿长卷是清康熙时期的作品，是以龚贤为首的文人墨客们相聚在一起，以“红桥旅梦”为主题而共同书写的诗稿长卷，全轴共分为 16 段，收入龚贤、陈骞、袁埴、陈维崧、李遴、杜濬等 16 人书写的七言诗 80 余首。长卷起首为龚贤书“黍字席上赠高倩皆”七言诗三首。落款：“野逸生龚贤稿”。其他 15 段所书诗词有楷书、行书和草书，风格各异。

龚贤（1618 ～ 1689），字半千，又字野逸，号半亩，清代著名书画家，他在诗、书、画方面都有一定的成就，是“金陵八家”之一。

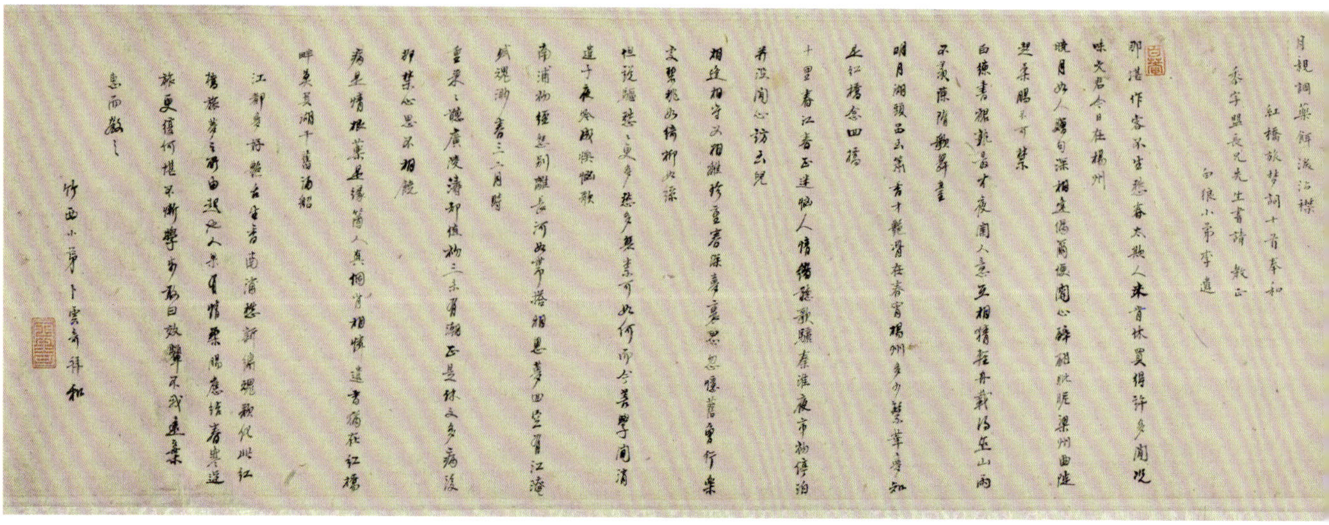

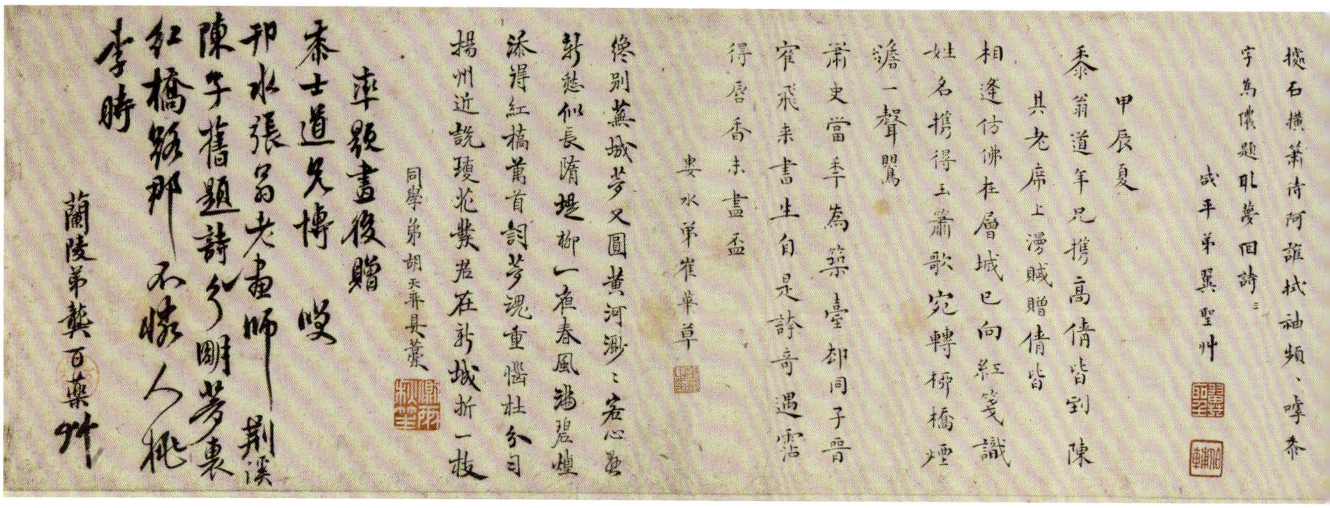

天也非人也澤雉十步一啄百步一飲不蘄畜
乎樊中神雖王不善也老聃死秦失弔之
三號而出弟子曰非夫子之友邪曰然然則
弔焉若此可乎曰然始也吾以為其人也而
今非也向吾入而弔焉有老者哭之如哭其
子少者哭之如哭其母彼其所以會之必有
不蘄言而言不蘄哭而哭者是遁天倍
情忘其所受古者謂之遁天之刑適
來夫子時也適去夫子順也安時而處順
哀樂不能入也古者謂是帝之縣解指
窮於為薪火傳也不知其盡也
戊午長夏日吳郡朱廷禧書於麗几
軒

朱廷禧

招隱士

招隱士者淮南小山之所作也昔淮南王安博
雅好古招懷天下俊偉之士自八公之徒咸慕
其德而歸其仁各竭才智著作篇章分造
辭賦以類相從故或稱小山或稱大山猶詩
有小雅大雅也小山之徒閔傷屈原又怪其文昇
天乘雲役使百神似若僊者雖身沈沒名德
顯聞與隱處山澤無異故作招隱士之賦以章
其志也

桂樹叢生兮山之幽偃蹇連蜷兮枝相繚山氣
巃嵸兮石嵯峨谿谷嶄巖兮水曾波猿狖羣
嘯兮虎豹嗥攀援桂枝兮聊淹留王孫遊兮
不歸春草生兮萋萋歲暮兮不自聊蟪蛄鳴
兮啾啾坱兮軋山曲岪心淹留兮恫慌忽罔兮
沕憭兮慄虎豹穴叢薄深林兮人上慄嶔
岑碕礒兮碅磳磈硊樹輪相糾兮林木茷骫
青莎雜樹兮薠草靃靡白鹿麏麚兮或騰
或倚狀貌崟崟兮峨峨淒淒兮漇漇獼猴兮熊羆
慕類兮以悲攀援桂枝兮聊淹留虎豹鬬
兮熊羆咆禽獸駭兮亡其曹王孫兮歸來
山中兮不可以久留

韓幹畫馬贊

韓幹之馬四其一在陸驤首奮鬣若有所
望頓足而長鳴其一欲涉水高首下據所由濟
跼蹐而未成其二在水前者反顧若以鼻語
後者不應欲飲而留行以為廐馬也則前無
羈絡後無箠策以為野馬也則隅目聳耳
豐臆細尾皆中度程蕭然如賢大夫貴公子
相與解帶脫帽臨水而濯纓遂欲高舉遠
引友麋鹿而終天年則不可得矣蓋優哉
游哉聊以卒歲而無營

師子屏風贊

潤州甘露寺有唐李衛公所留陸探微畫師
子板余自錢塘移守膠西過而觀焉使工人摹
之置公堂中且為之贊曰圖其目仰其鼻奮鬣
吐舌威見齒舞其足前其耳左顧右躑喜見尾
雖猛而和蓋其戲嚴嚴高堂護燕几嚇呼顛沛
走百鬼嗟乎妙哉古陸子

吾不能書而喜書蓋習懶成性百無所為游
戲頹楮猶勝棄日而好者閒取之把玩色喜
吾亦為之破顏一笑耳若論古法較工拙即

米家園燈石畫沙薛千仞韻
釣游石路樹絲風面面樓臺一勺中
白鳥行穿竹樹碧錦蜂時撲藕花
紅泛舟小學鶴來子品分合同茶亭
翁我行西津宜來乃戒陵川語想難
窮
不緣山月奪燈光更取鮫珠照眼觴
仙以新娥池上蚕人特異藤洞中
芬輕風蕩蕩搖露穀香霏霏濛濛恆眠
梁閣說鈴旋心之去何時搖手上天
重
米家好石徐求仙千疊雲峰只一拳
正與主人爭晴按日驚凡上劃山川
晚巖不借天雲掌買窓且種小有
天並姑老頭武好事世間電露那為
堅
錫燈語逢尚留崖掌上指點見壁人
擲果人爭憐玉臭貫珠我自喜櫻
唇清朝游翰信佳客子夜吳歌媚丘
壑名是紫霄香案側銅山未寄此生
身

再和

半灣新漲一簾風總可官船海濱
中晚岫平分旭日紫春溪流出落花
紅蓬鵲久無河莊交失馬千古悟塞
翁日得清狂三五案品詩品画事無
窮
園林行入九枝光不退元宵已不觴
洞府玉玉龍燭曉屏風疊疊層樓
藏書樵照讀藜為火雅以姓人月去
梁並惜香膏對下衆神仙之署藻光
重
石生奇骨名稱仙莫笑形模止以拳
片片危峰如拔地霏霏細雨訝成川
大鑄之生羅東序小閣誰宜媚壺
天老我枯無心言寄唯香聲缺不為
堅
嵐便裂石上驚塵獨鼓催來使出人
蓮葉秋白嬌似西山茶雜道他於唇
春逢園調青燐穿不對間秋機語
壑昭照英瓊無所有髮手性落未窮
身

再和

湖上清波荻蕩風為圖最在水雲
中雨梅西首多山翠霞嶼高低間樹
紅我藏穿雲鷺鳥道半船載月卿兔
翁也知華言雜筆画把韻拈詩若不
窮
日月晨丸不住光煌張繞畫海成觴
但驚寶燭空中出未必風輪地底芸
宮醉喧聲翻葉落門澗渚新落魚
梁何須秉燭然燈陪一盞清華擅一
堂
為愛清光病似仙言峰千丈化為拳
嵯底重沓似分脈澗壑遥遥別有川
老上讀懷身似夢衆中我往界石

杜牧之

奉和之

秦翁先生清政　　陳鴻

一笑芳玉便凰聯自玉佳情屬我昔
臨怪紅橋太多年時心寺以夢魂勞
其年醒鞋葉波似落不問離客立
玉甫經菊園畫仍為夢印列離城立
可惜流可惜婚婦秘世好偶日今香
寿翁底光緒為歡治再出此春宴自白
共觴東古世流次性
　　晉陽門容陳玉峯々景

竹西亭醉木蘭橈碧粉朱棚拂
柳傺園畫多情新病起念慈無
語罷吹簫一絕世風派有情卿
坐廂奉石華紋涼々從為人才
輕彩別樣姿若為相思胡思
何港越客魂消日正值蕪城春
慕時玉下見客顏畫中好開君
尤勝畫中人古來此意無人會
只有陳思賦洛神四

　　呈秦翁先生正
　　　吳邑袁植

緑窗園中芝醉西園家心史
鐵語婉妙水棚東天光中
酒月瀧瓏醒鞋今日紅橋會當立座
山一夢中其四

<!-- 以下書法草書，辨識有限 -->

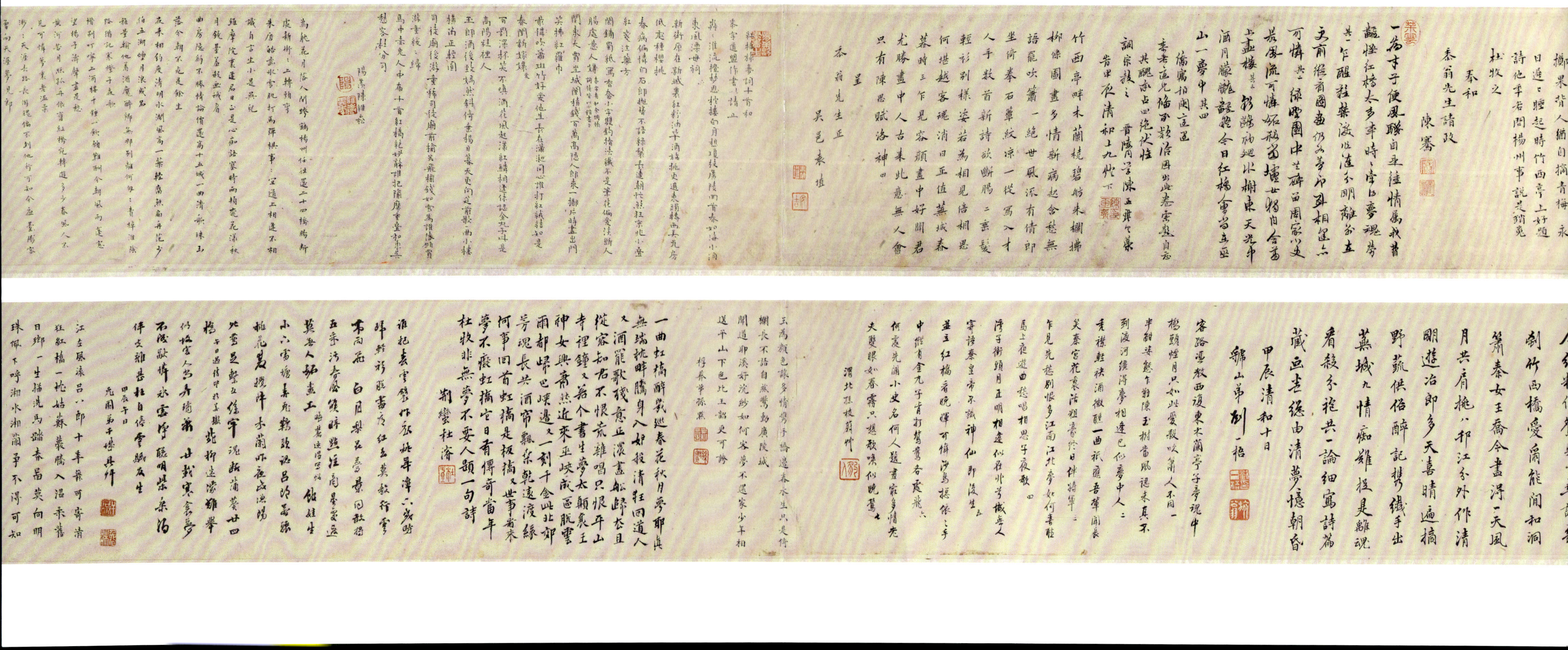

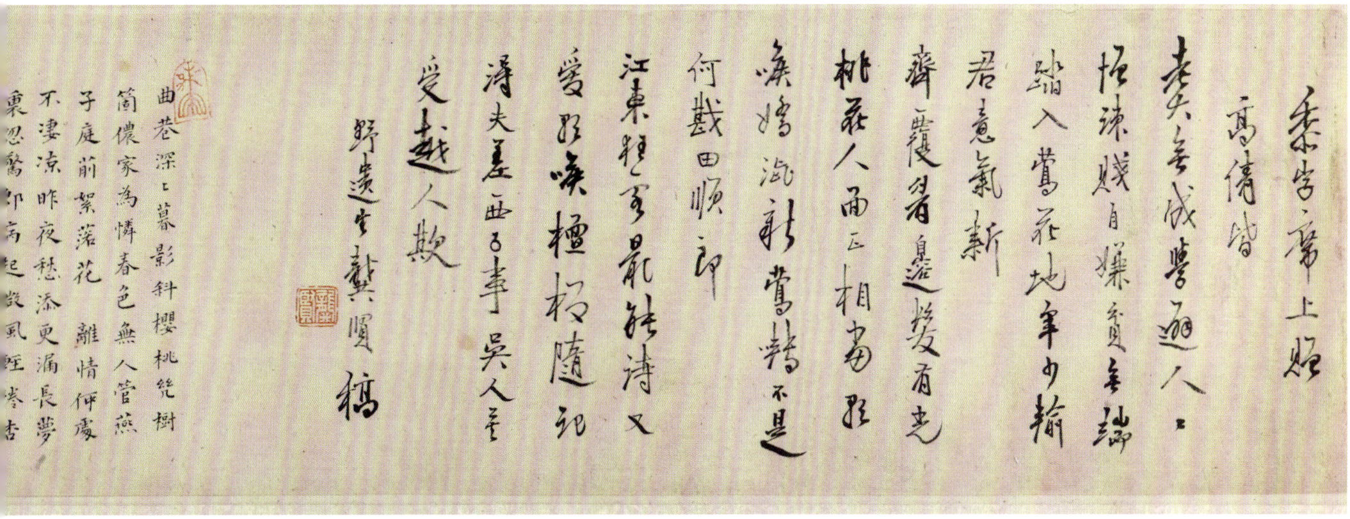

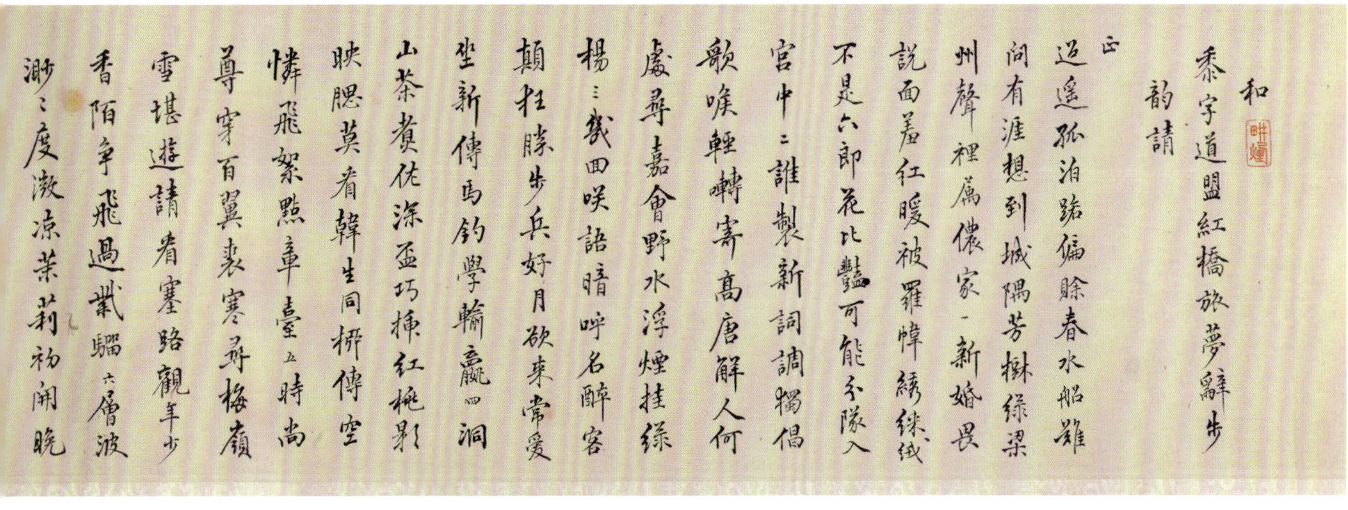
和
黍字道盟紅橋旅夢辭步
韵請
正
迢遞孤泊踏偏餘春水船難
問有涯想到城隅芳樹綠梁
州聲裡屬儂家〻新婚畏
說面羞紅暖被羅幃繡綫〻
不是六郎花比豔可能分隊入
宮中〻誰製新詞調獨倡
歌喉輕囀寄高唐解人何
處尋嘉會野水浮煙挂綠
楊〻戴田咲語晴呼名醉客
顛狂滕步兵好月欲來常愛
坐新傳馬鈞學輸贏四洞
山茶煮佐涂盃巧捧紅桃影
映腮莫看韓生同楞傳空
憐飛絮點車臺五時尚
尊穿百翼裘寒尋梅嶺
雪堪遊請看塞路觀年少
香陌爭飛過戴騮六層波
渺〻度漵涼茉莉初開晚

始臣之解牛之時所見無非牛者三年之後
未嘗見全牛也方今之時臣以神遇而不以
目視官知止而神欲行依乎天理批大郤
導大窾因其固然技經肯綮之未嘗而
況大軱乎良庖歲更刀割也族庖月更
刀折也今臣之刀十九年矣所解數千牛
矣而刀刃若新發於硎彼節者有間而
刀刃者無厚以無厚入有間恢恢乎其於遊
刃必有餘地矣是以十九年而刀刃若新發
於硎雖然每至於族吾見其難爲怵然

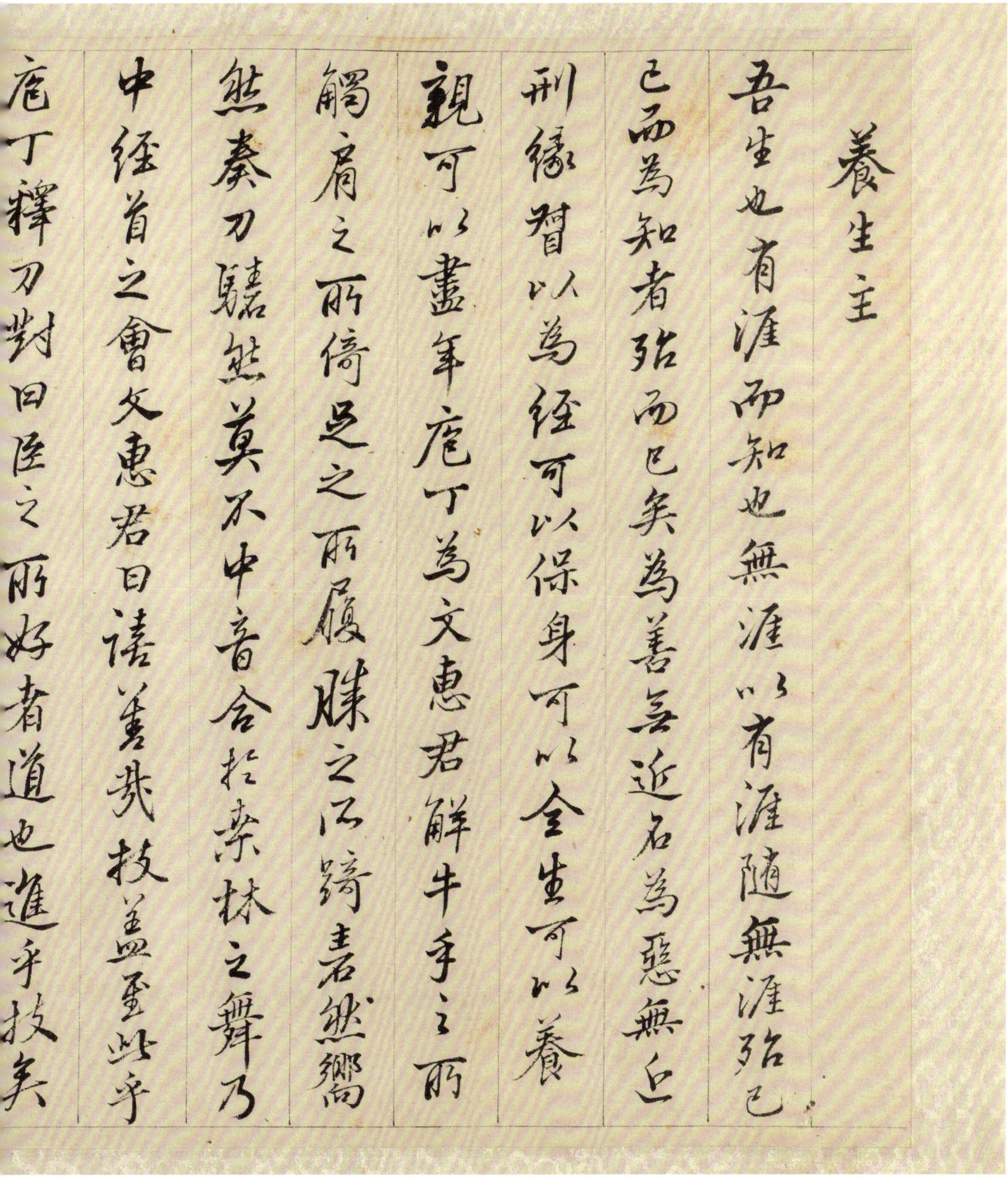
養生主
吾生也有涯而知也無涯以有涯隨無涯殆已
已而為知者殆而已矣為善無近名為惡無近
刑緣督以為经可以保身可以全生可以養
親可以盡年庖丁為文惠君解牛手之所
觸肩之所倚足之所履膝之所踦砉然嚮
然奏刀騞然莫不中音合於桑林之舞乃
中经首之會文惠君曰譆善哉技蓋至此乎
庖丁釋刀對曰臣之所好者道也進乎技矣

行书《庄子·养生主》

子少者哭之如哭其母彼其所以會之必有
不蘄言而言不蘄哭而哭者是遁天倍
情忘其所受古者謂之遁天之刑適
來夫子時也適去夫子順也安時而處順
哀樂不能入也古者謂是帝之縣解指
窮於爲薪火傳也不知其盡也
戊午長夏日梁園朱廷禧書於癡兀
軒

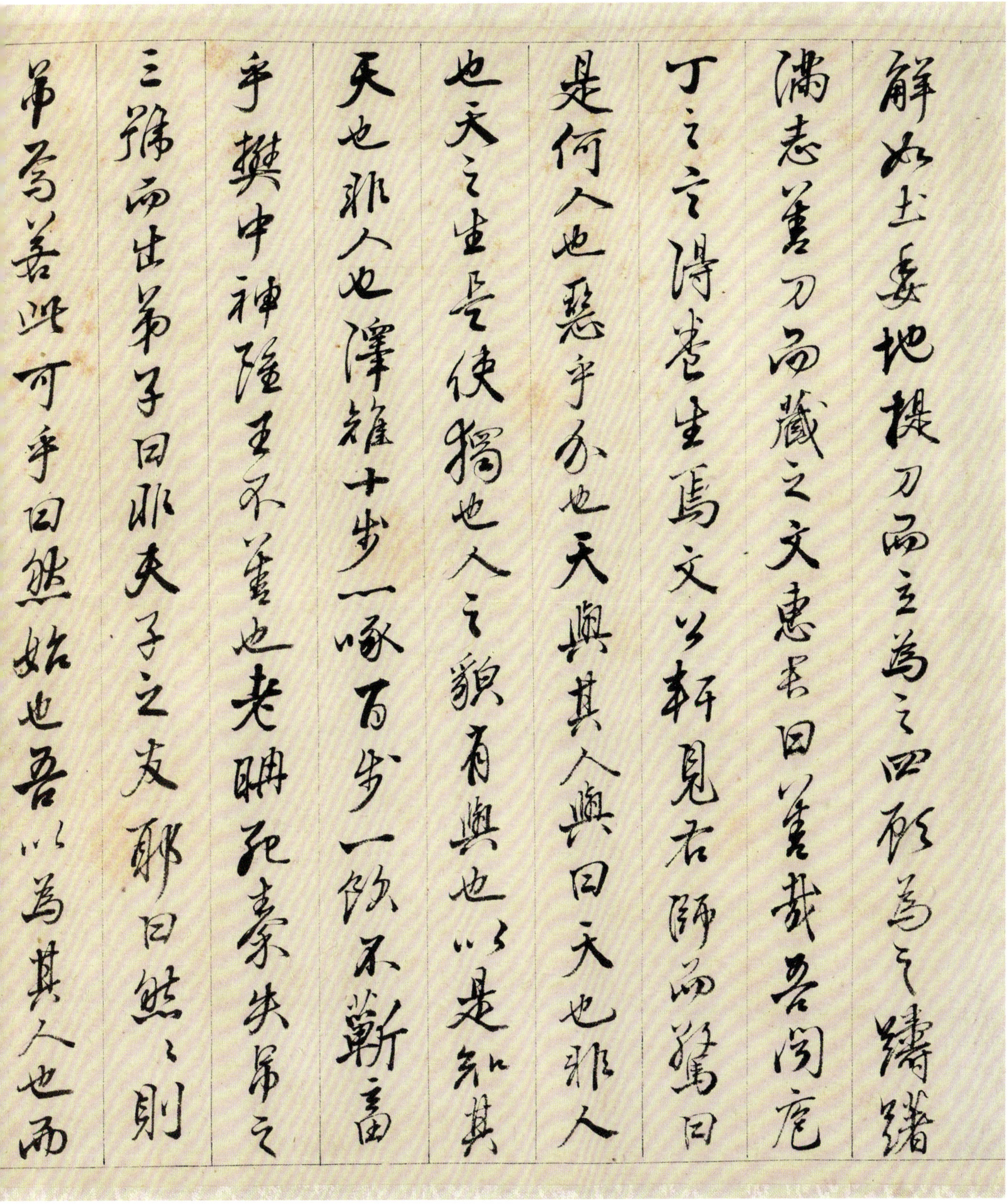
解如土委地提刀而立為之四顧為之躊躇
滿志善刀而藏之文惠君曰善哉吾聞庖
丁之言得養生焉公文軒見右師而驚曰
是何人也惡乎介也天與其人與曰天也非人
也天之生是使獨也人之貌有與也以是知其
天也非人也澤雉十步一啄百步一飲不蘄畜
乎樊中神雖王不善也老聃死秦失弔之
三號而出弟子曰非夫子之友邪曰然然則
弔焉若此可乎曰然始也吾以為其人也而

行书《庄子·养生主》长卷（局部）

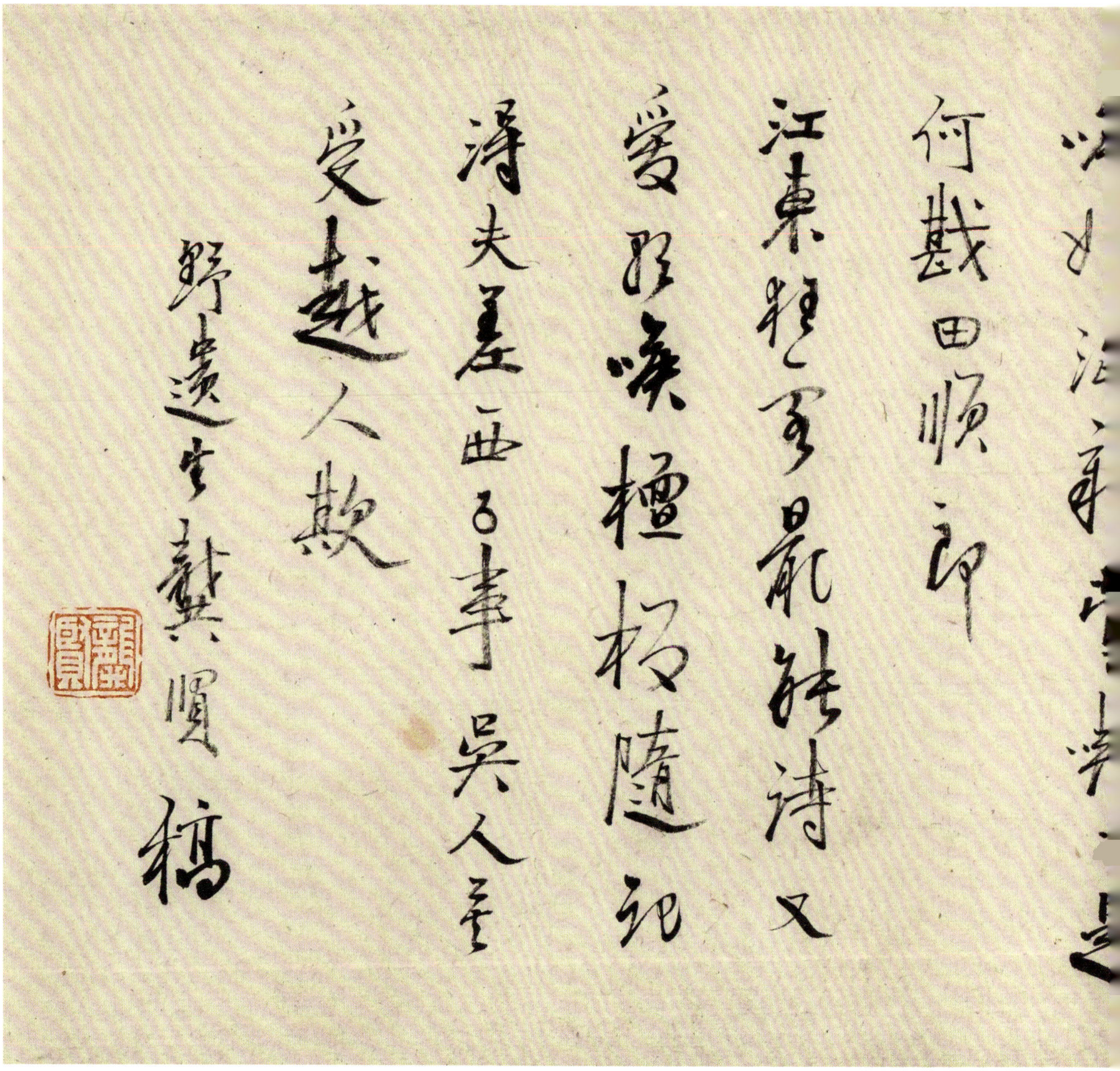
何戡田顺郎
受越人欺
野遗生龚贤稿

桃花人面正相當聽

齊霞暮靄逞姿有色

君意氣新

蹄入鶯花地年少輸

悟速賤自爆貧無端

素善成譽遊人入

高僑唱

柔堂當上炬

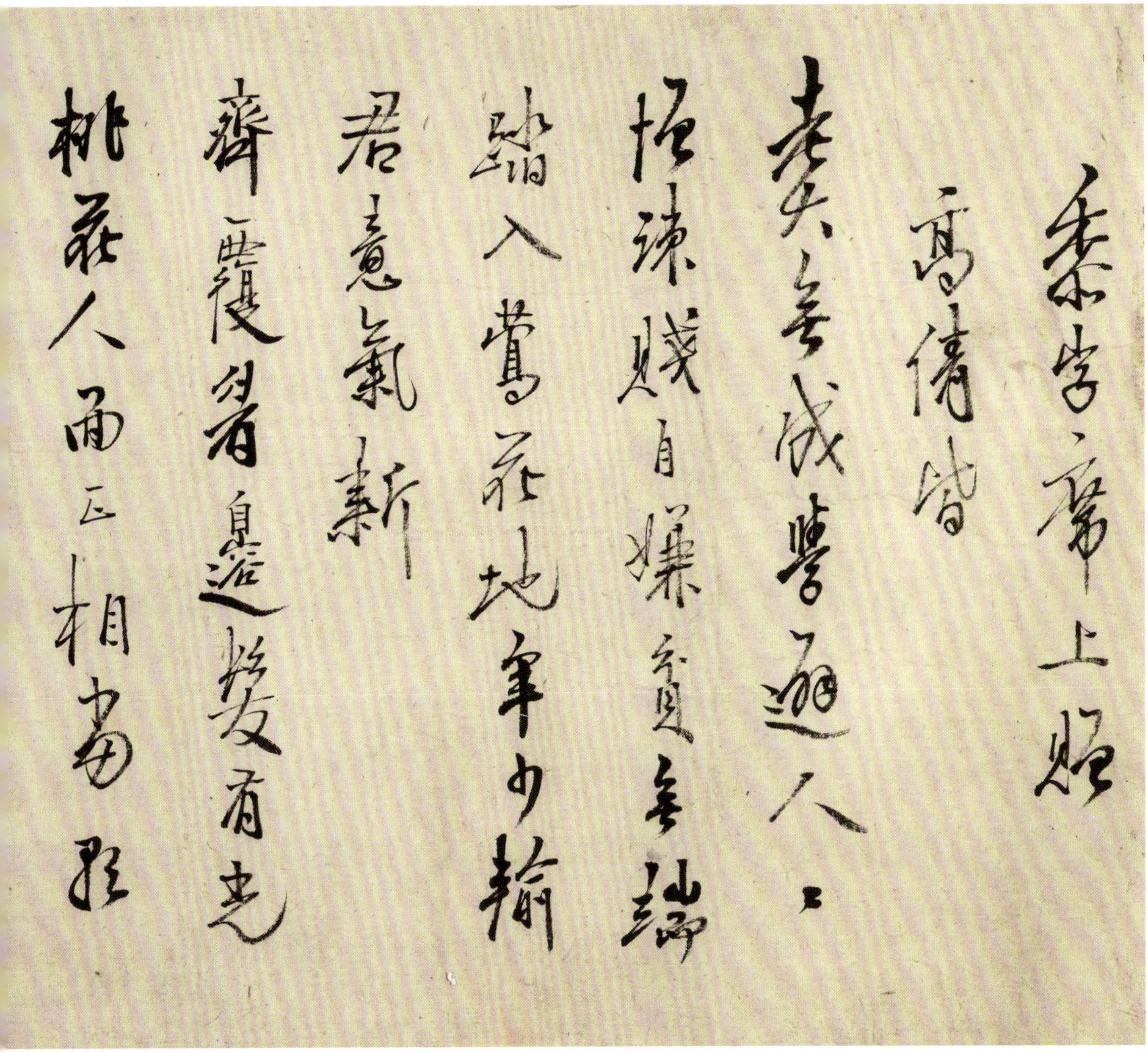

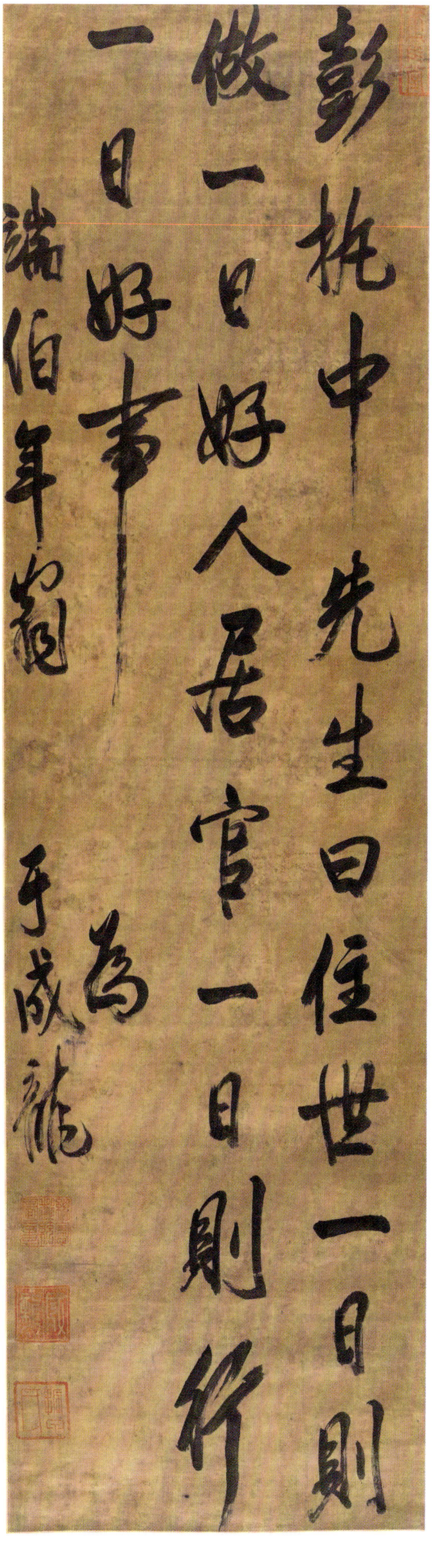

清·于成龙　行书轴

纸本
纵 175 厘米　横 50.9 厘米

释文："彭执中先生曰：住世一日则做一日好人，居官一日则行一日好事。"落款："为端伯年翁，于成龙"。下钤印三枚，两朱文印为"总宪都统图章""振甲氏"；一白文印为"成龙"。作品气息淋漓潇洒，笔法精妙，字体修长，疏密得体，揖让有致，给人以美的享受。

于成龙（1617～1684），字北溟，号于山，山西永宁州（今山西方山县）人，清初名臣，为官期间关注社会民生，廉洁刻苦，政绩卓著，深得百姓爱戴，康熙帝曾盛赞其为"人臣之标准""天下廉吏第一"。

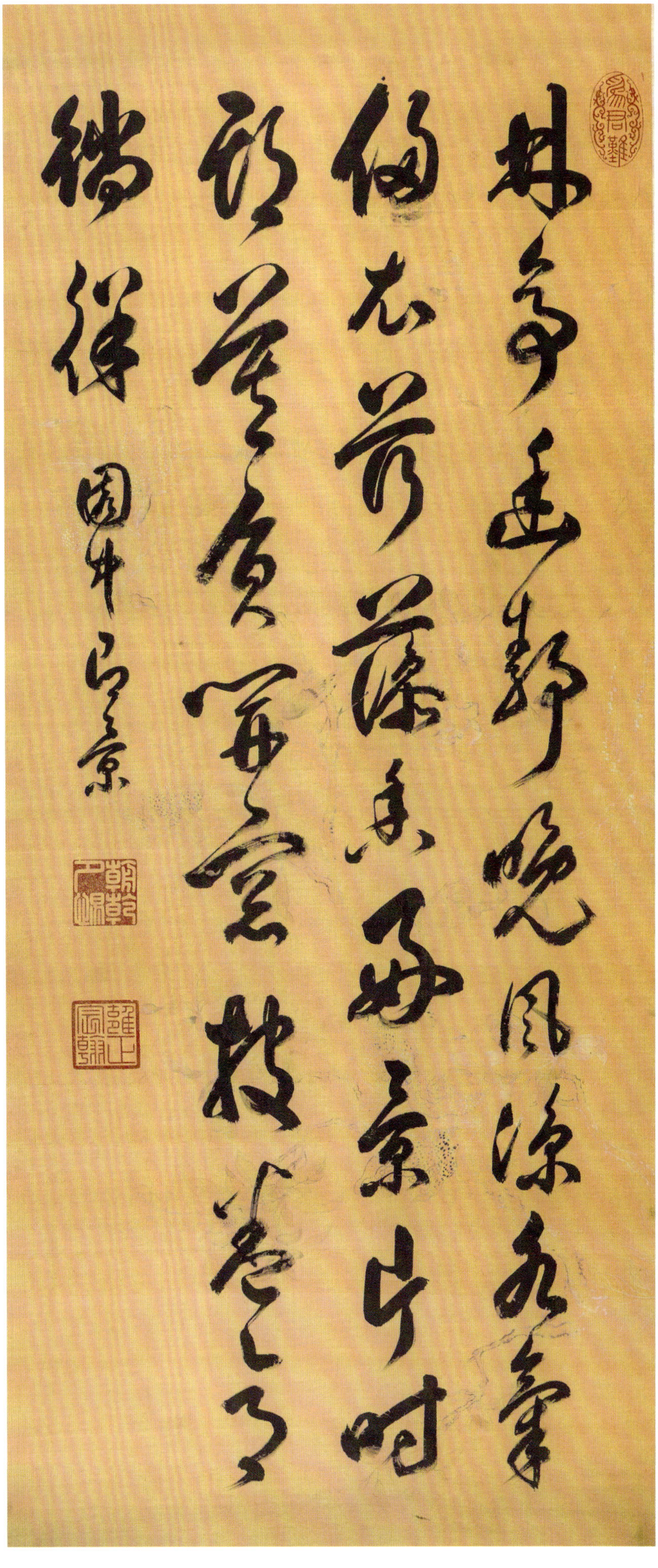

清·雍正　行书《园中即景》诗轴

绢本

纵 138 厘米　横 61 厘米

释文："林亭幽静晚风凉，水气侵衣荇藻香。好景片时期莫负，开窗披卷意徜徉。"落款："园中即景"。下钤印二枚，一白文印为"朝乾夕惕"；一朱文印为"雍正宸翰"。整幅作品格调非凡、气势宏伟，运笔娴熟、文雅遒劲，行笔疾迟有序，气脉贯通，有帝王凌驾群雄的气势，是历代皇帝御笔书法中不可多得的佳作。从流传下来的墨迹看，雍正（1678～1735）是康、雍、乾三代帝王中书法造诣最深的一位。

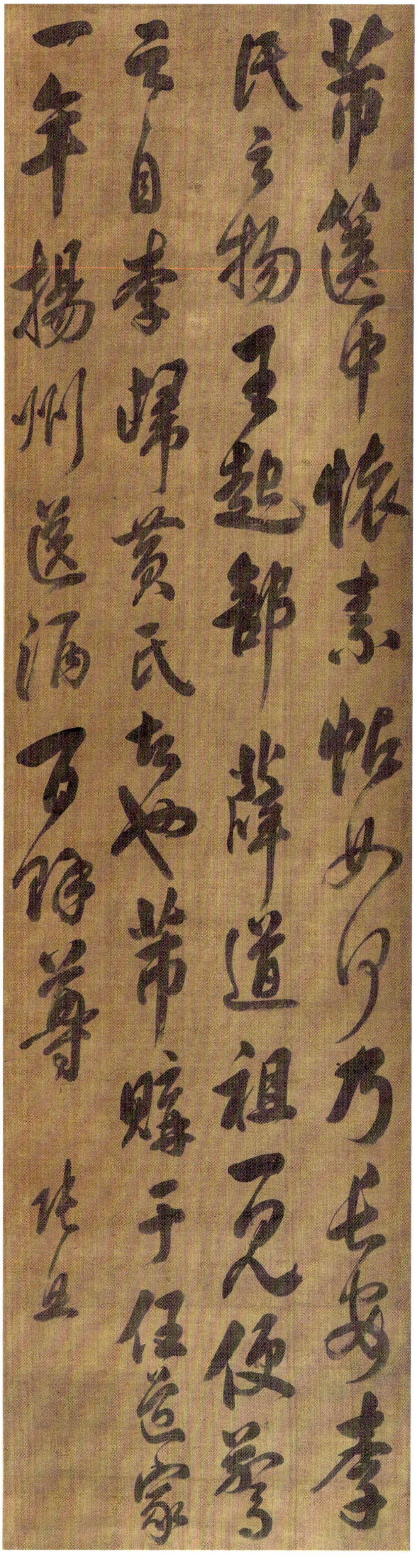

清·张照　草书轴

绢本

纵 167 厘米　横 47 厘米

释文："苇篋中怀素帖如何？乃长安李氏之物。王起部、薛道祖一见便惊，云：自李归黄氏者也。苇购于任道家。一年扬州送酒百余尊。"落款："张照"。下钤一朱文印为"得天"。

张照（1691～1745），字得天，号泾南、天瓶居士，上海松江人，康熙四十八年（1709年）进士，谥"文敏"，这一谥号与元代赵孟頫，明代董其昌相同。张照的书法作品圆健流畅，形成自己气度浑厚的风格，在很大程度上对清中期贴学书风的转变起了先导作用。

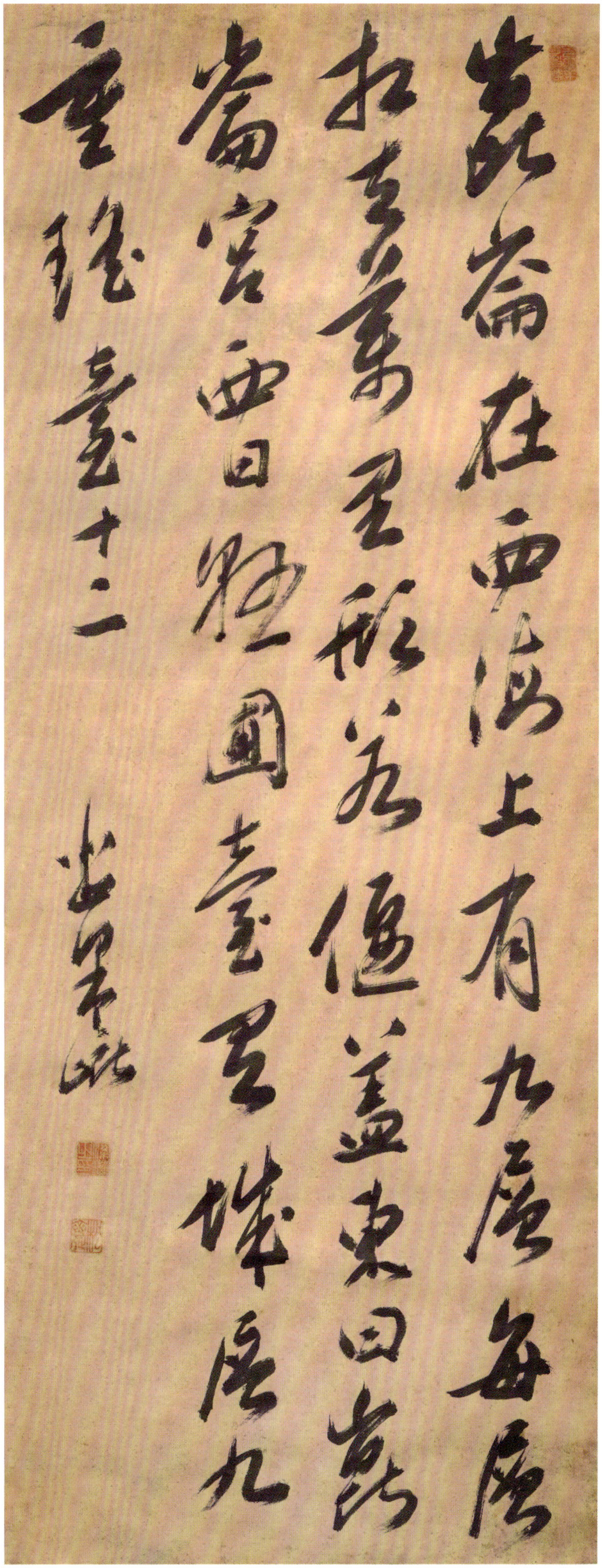

清·梁巘　草书《拾遗记》轴

纸本

纵 142.4 厘米　横 58 厘米

释文:“昆仑在西海上有九层,每层相去万里,形若偃盖,东曰昆仑宫,西曰悬圃台,有城,层九重,瑶台十二。”落款:“闻山梁巘”。下钤印二枚,一白文印为“梁巘之印”;一朱文印为“松斋”。

梁巘(1710～1788),字闻山、文山,号松斋,又号断砚斋主人,安徽亳州人,清代书法家、书法理论家,书法作品具有自己特有的笔墨神采。

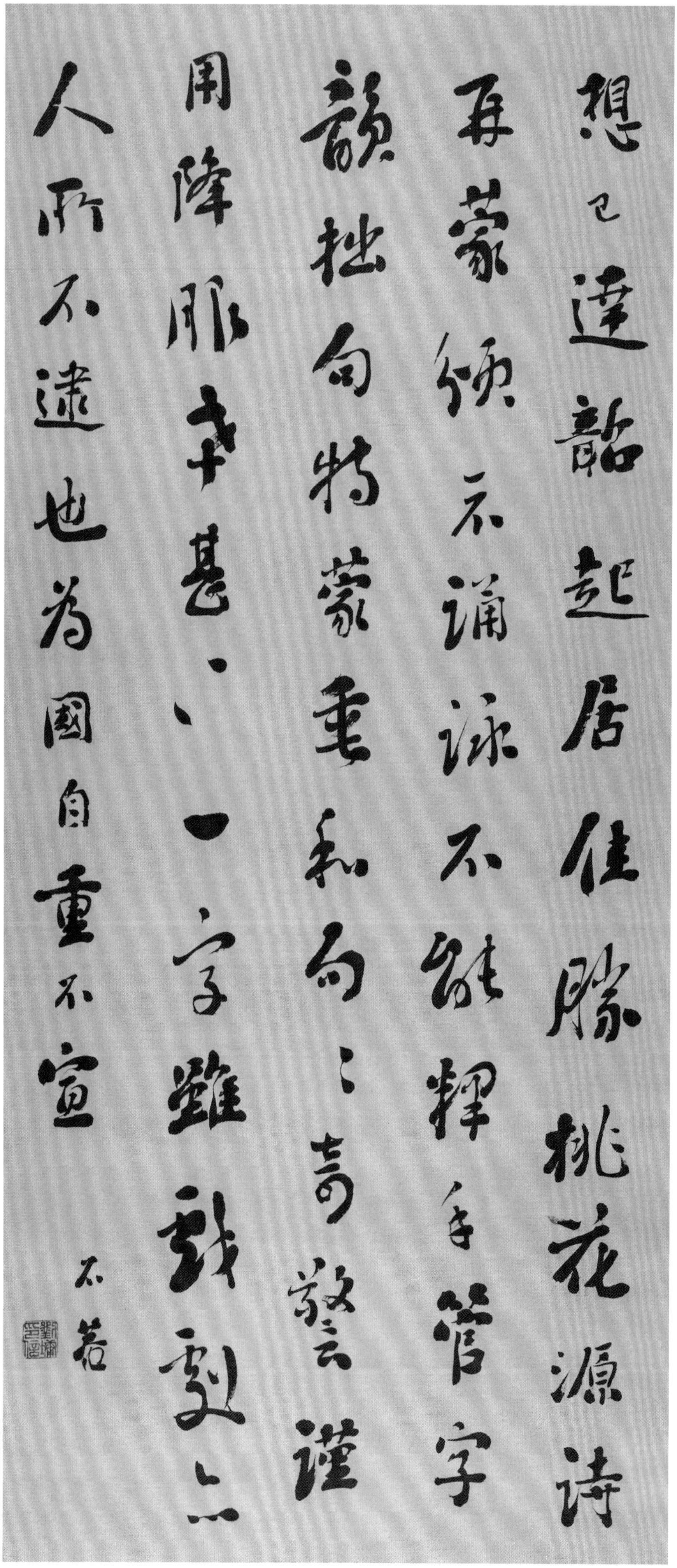

清·刘墉　行书轴

纸本
纵 103 厘米　横 46 厘米

释文："想已达韶，起居佳胜。桃花源诗，再蒙颁示，诵咏不能释手。管字韵拙句，特蒙垂和，句句奇警，谨用降服，幸甚！幸甚！一字虽戏剧，亦人所不逮也。为国自重不宣。"落款："石菴"。下钤一朱文印为"刘墉印信"。此书法作品用墨厚重，墨色浓墨丰润，初看字体圆润，好像柔软无骨，但实际上却是将刚劲的结构隐藏于丰厚的外貌中，把柔与刚很好的结合，骨肉兼备，别具特色。此书作中看似无一字相连而气脉贯通、挥洒自如的特点完全可以感受到。

刘墉（1719～1804），字崇如，号石庵道人，山东诸城人，大学士刘统勋之子，清代书法家、政治家。擅长行书与楷书，喜用浓墨，有"浓墨宰相"之美称，其书法中的特殊韵味，很受后世推崇。

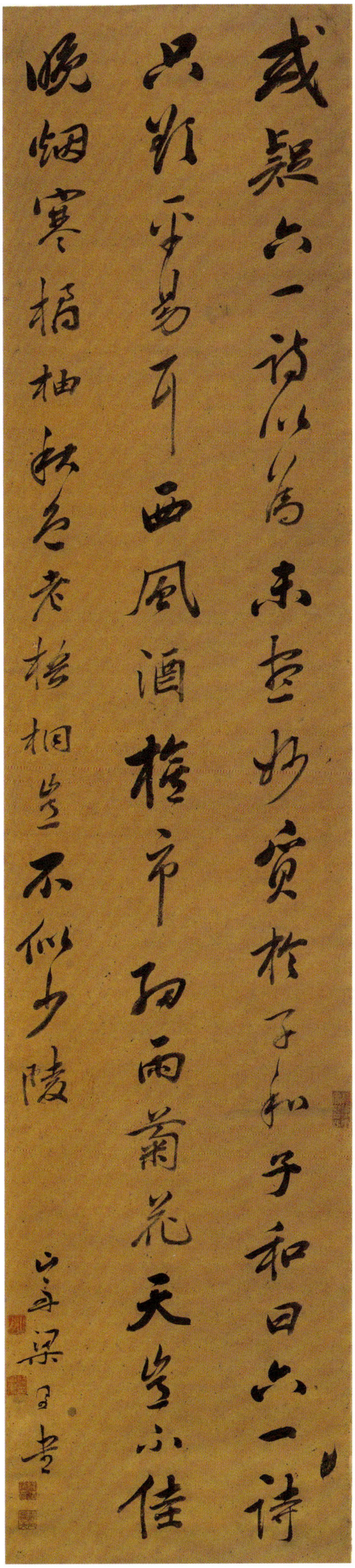

清·梁同书　行书诗轴

纸本

纵 123.4 厘米　横 29 厘米

释文：“或疑六一诗，以为未尽妙，质于子和。子和曰：六一诗只欲平易耳。西风酒旗市，细雨菊花天。岂不佳？晚烟寒橘柚，秋色老梧桐。岂不似少陵。”落款：“山舟梁子书”。钤白文印“山舟”“梁同书印”。此书作墨色浓淡相间，点画圆润饱满，结字稳妥，行气流畅，秀气中带了点灵动，从中可以感觉出书家对技巧法则的熟练把握。

梁同书（1723～1815），字元颖，号山舟，世人亦称之为“梁山舟”，晚年又自号不翁，清代帖派书家和书法理论家。

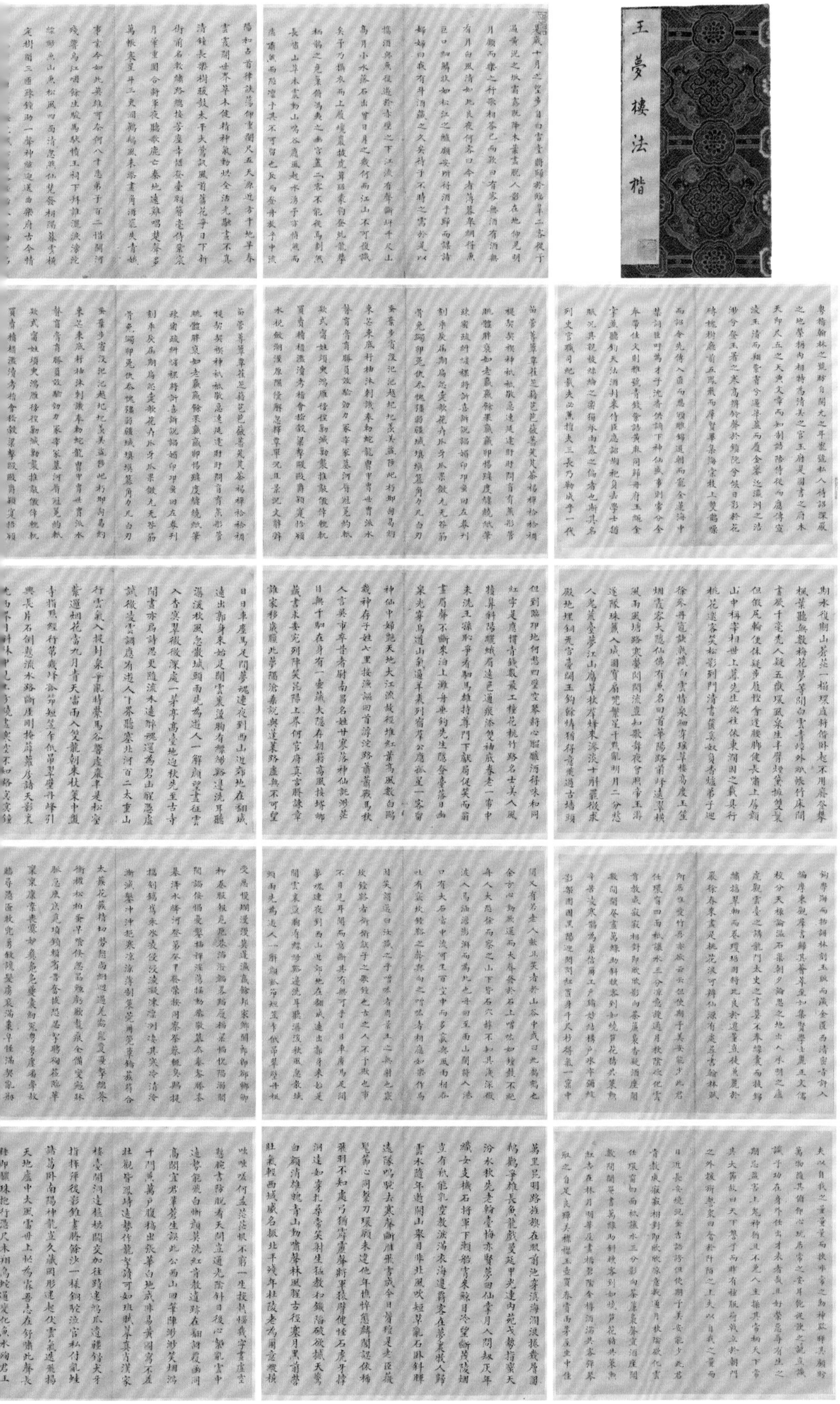

清·王文治　楷书册页

纸本

纵 26.5 厘米　横 14 厘米

此书作小楷，字体端庄，结构严谨，表现出一种朴素自然的审美境界。

王文治（1730～1802），字禹卿，号梦楼，江苏镇江人，清代文学家、书法家，官翰林院编修、云南临安知府。王文治工诗、书，书法得董其昌神髓，与翁方纲、刘墉、梁同书齐名，并称“翁刘梁王”四大家，因其平日喜用淡墨，以表现潇疏秀逸之神韵，故时称“淡墨探花”。

陽和占首律詄蕩仰重闉尺五天原近方千地早春
雲霞開世界草木健精神氣動烘全活光融畫不真
清鐘長樂樹暖鼓太平大鶯訊風前舊花爭日下新
街前名軟繡路總接芳塵幸愜登臺願簪毫侍紫宸
月暈重闉合將軍夜聽歌鹿亡秦地遠雞唱楚聲多
萬帳寒星斗三更涸鸛鵝風来添畫角酒罷失青娥
事業今如此英雄可奈何八千悲弟子百二惜關河
残響烏江咽餘生駿馬馱憤王祠下拜誰灑淚滂沱
縹緲魚山魚松風四面清忽然仙梵發相隔暮雲橫
定樹圍三匝疎鐘助一聲神絃迎送曲樂府古今情
演唱聞天籟虛空接化城六通參妙諦八斗悔才名
繞體空花落回頭宿生草惟聞廣長舌颯颯夜泉鳴

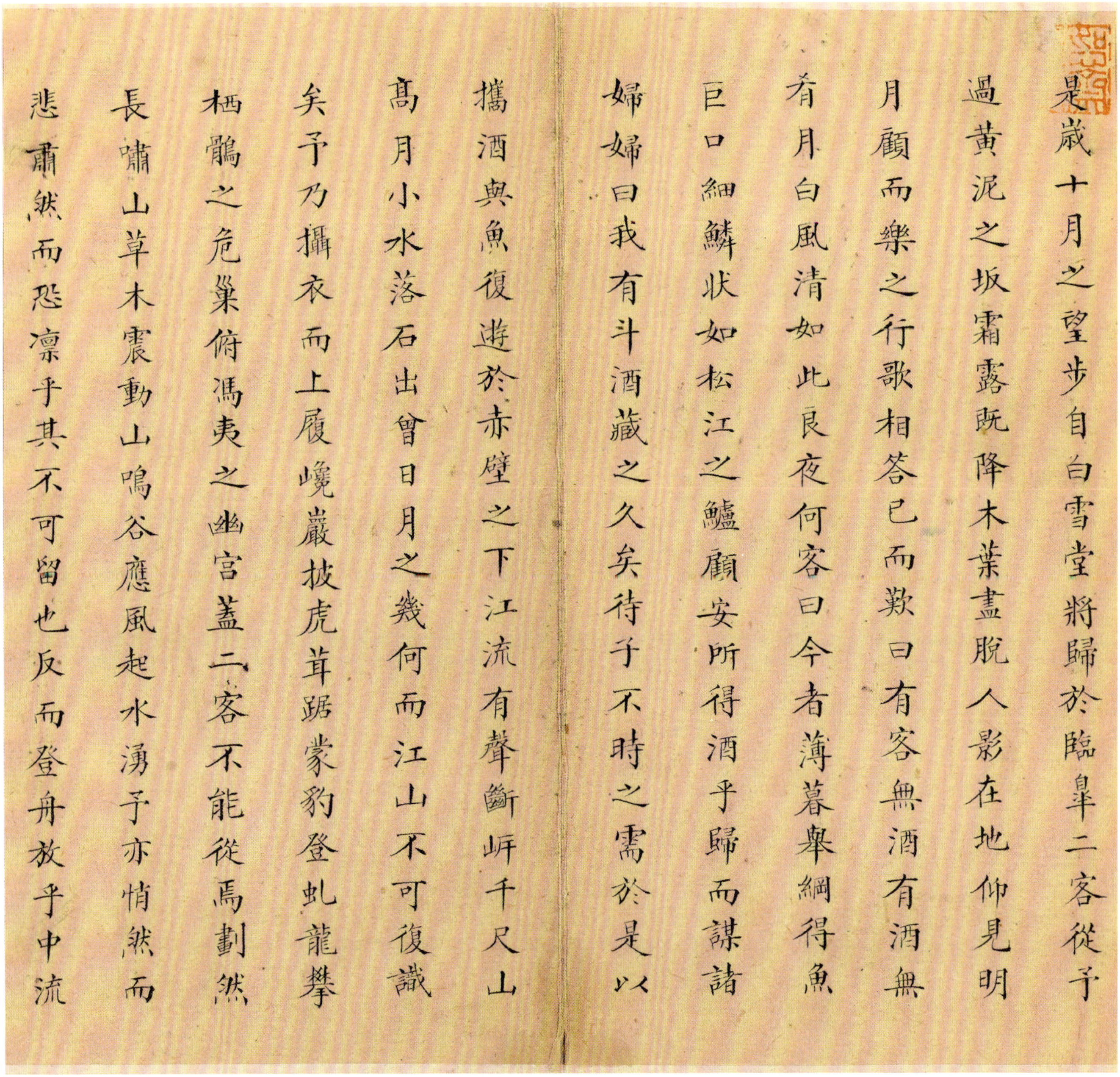
是歲十月之望步自白雪堂將歸於臨臯二客從予
過黃泥之坂霜露既降木葉盡脫人影在地仰見明
月顧而樂之行歌相答已而歎曰有客無酒有酒無
肴月白風清如此良夜何客曰今者薄暮舉網得魚
巨口細鱗狀如松江之鱸顧安所得酒乎歸而謀諸
婦婦曰我有斗酒藏之久矣待子不時之需於是以
攜酒與魚復遊於赤壁之下江流有聲斷岸千尺山
高月小水落石出曾日月之幾何而江山不可復識
矣予乃攝衣而上履巉巖披虎茸踞蒙豹登虬龍攀
栖鶻之危巢俯馮夷之幽宮蓋二客不能從焉劃然
長嘯山草木震動山鳴谷應風起水湧予亦悄然而
悲肅然而恐凜乎其不可留也反而登舟放乎中流

黍紉冤福粤邊塵塵纏躔番犛敖牆尋憑匳收兜緜
勇敘讒髮虜毒衮滿柬皁怪契亂瓶麪楚刹褒樣寡
棘捷涅沓體組邃叟罰劫采廄瀆廚蓑笠鷥鷺膝舉
奉廷踈疏幼功閏旃羈勒羇旅梅鬭貪念舍遞篪唬
冒肯帽夸涂決減滅盜巡迴迪迺迫建廷延敝廳染
曳丈究宄仇春風得意馬蹄急一日看遍長安花宋

登癸發揆察祭蔡軏臭鶪鐫攜刻鐫雋永冰凌侵淩
地凍凜冽凄其寒冷清泠澌盡鑿冲沖挹寒凉涼薄
策莞爾筦鑰蔟花簇符葱蘢冠黄雙兩寰寰升切悤
乖翰絅迴迥過羌窈夐夏總莽衡松柏蚤飧倏勗勗
虧鼇痕將備面燮燮寇佞脈牀急庶覓瑣鎖賴賓晉
奮拔恐忍挐聘徇蒞臨革稟廩棄喪爨妒彝鳧夔囊

鳥夢時微醒花鈴試偶搖緑窗原悄悄紅雨自飄飄
蝶夢憐駘蕩鶯饞破寂寥嗒焉天籟息何處辨調勻
所居惟愛竹吾亦欲云云但使期予美焉能少此君
任環窗四面袛讓水三分凉意旋通月秋陰欲化雲
肯教成寂寂相對即欣欣影向茶簾裊聲宜酒座聞
數間開卷畫萬緑助斜曛客到如燒筍花豬共策勳
且以仁君撫有一國統馭羣工其分甚隔而其情又
易睽也知分之甚隔而畧其分乃可以明恩知情之
易睽而聯其情乃可以定志知分與情之不可或假
而隱持以别尊卑明上下之一心乃可以相與維持
於無弊而君道於是乎全千古忠良在位即此才氣
不矜而識者已信其艱鉅可任者其諳練固已深也

之念進臣等于廷而策之以儲人才修武備端士習
如臣慎刑罰之至計等愚昧何足以知體要顧嘗對
揚伊始之辰敬念拜獻先資之義敢不謹竭芻蕘之
一得以勉效夫葵藿之微忱乎伏讀制策有曰欲熙
庶績必藉羣材而思所以祛比周之習登公明之選
此誠制治保邦之要圖也臣惟國家以人理政政非
一政即任政非一人自古未有用人而求備者矣夫
簡任者人君之權而薦舉者大臣之責祁奚舉賢李
克論相後世稱之為國舉賢固人臣以人事君之道
而要不能視汲引之名為虛文而無薦賢之實也賢
否判於幾希邪正别於疑似故古來君子或誤用小
人諸葛之所取既顯違其節制李泌之所用又復涉

於貪汚鑒衡之或爽皆由於學識之不精耳夫薦舉
之道必舉人者先賢而後其志溥其識精其所舉者
亦無不賢居心嚴正則無阿比之私也待物公平則
無媢忌之意也持鑒清明則虛聲不得而動之也處
世周詳則知其始必有以考其終不至所舉者始終
殊轍也況乎良樂為御無慮騄駬之不來卞和羅珍
豈虞琳瑯之不集簡賢以崇德是在膺薦舉之責者
有以得其真而收實效耳昔唐虞三代之盛禹讓稷
契伯夷讓夔龍朱虎熊羆其相與推薦者非以博汲
引之名也則夫後世薦賢若虞丘薦孫叔魏獻子舉
賈辛猶未足稱盛矣皇上明目達聰所寶惟賢容才
利國之臣固皆能贊贊襄盛典也制策又以古者文

期水復期山蒼茫一榻環直将偕卧起不用癈登攀
楓葉聽無數梅花夢等閒白雲青嶂外紙帳竹床間
畫欲千毫秃人疑五嶽環風泉生半臂煙黛擁雙鬟
但假尻輪便休疑步屧慳會逢腰脚健長嘯上孱顏
山中稱宰相世上慕先生欲往依東澗因之載具行
桃花邀客笑松影到門清書篋奚奴負香爐弟子迎
徐參丹竈訣孰識白雲情泉細穿瑶草樓高度玉笙
烟霞容大隱仙佛有兼名回首華陽路前峰遠翠橫
風雨風塘路寒螢閃閃流豈知歌舞夜曾照帝王游
逐隊珠簾入成團寶扇兜繁星千點亂明月二分愁
人鬼荒臺夢江山腐草秋羣烽來滲淡十斛罷徵求
殿地埋銅瓦宮臺閟玉鈎餘烽猶得意飛過古墻頭

聞風六郡勇計日五戎平山甫歸應疾留侯功復成
歌鐘旋可望枕席豈難行四壯何時入吾君聽履聲
聖德周天壤韶華滿帝畿九重承渙漢千里樹芳菲
春露條應弱秋霜定肥影移行子蓋果香撲使臣衣
陝塞餘陰薄秋霜舊色微發生和氣動封植衆心歸
入徑迷馳道分行接禁園何當扈仙蹕攀折有光輝

春豫壺池會滄波帳殿開舟凌石鯨渡槎拂斗牛迴

節晦蓂全落春遲柳暗催象溟看浴暈燒劫辨沈灰

鎬飲周文樂汾歌漢武才不愁明月盡自有夜珠來

宗臣事有征廟算在休兵天與三台座人當萬里城

天與三臺座人當萬里城寵賜從仙禁光華出漢京

山川勤遠畧原隰軫皇情為奏熏琴倡仍題瑤劍名

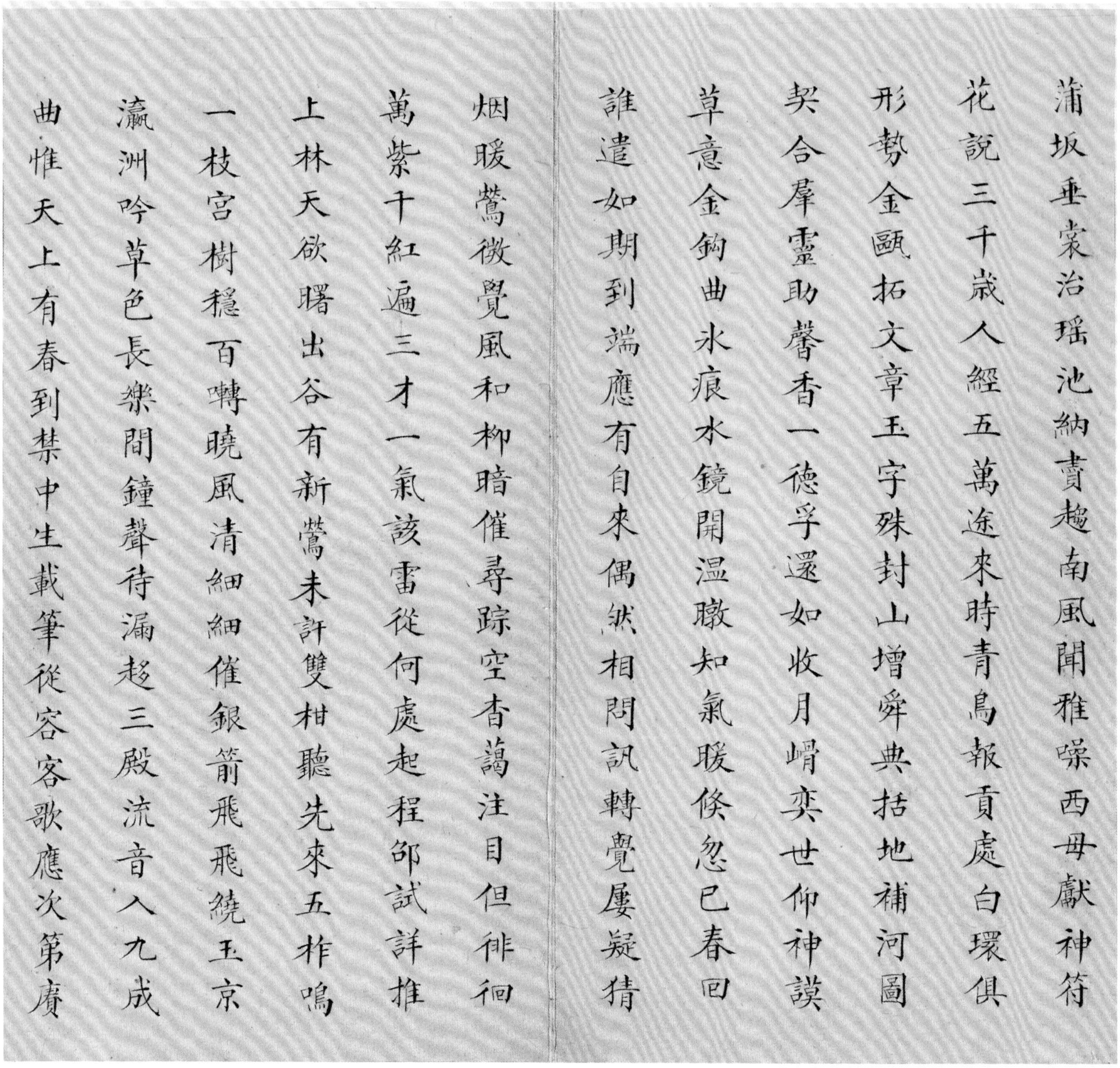

蒲坂垂裳治瑶池納賮趨南風開雅噪西母獻神符
花說三千歲人經五萬途來時青鳥報貢處白環俱
形勢金甌拓文章玉宇殊封山增舜典括地補河圖
契合羣靈助馨香一德孚還如收月嶰奕世仰神謨
草意金鉤曲氷痕水鏡開温暾知氣暖倏忽已春回
誰遣如期到端應有自來偶然相問訊轉覺屢疑猜
烟暖鶯微覺風和柳暗催尋踪空杳藹注目但徘徊
萬紫千紅遍三才一氣該雷從何處起程部試詳推
上林天欲曙出谷有新鶯未許雙柑聽先來五柞鳴
一枝宫樹穩百囀曉風清細細催銀箭飛飛繞玉京
瀛洲吟草色長樂聞鐘聲待漏趍三殿流音入九成
曲惟天上有春到禁中生載筆從容客歌應次第賡

鈎學海而括詞林刻玉版而藏金匱西清密吉許入
編摩東觀羣書歸其薈萃至如集賢學士麗正文儒
校分天祿論溢石渠朝夕論思之地出入承明之廬
虎觀雲臺之講龍門太史之書莫不奉縹囊而披錦
繡攜翠軸而卷瓊琚固將比良於遷董豈徒羨麗於
嚴徐春來盡是桃花浪可辨仙源有處尋書翰林賦

所居惟愛竹吾亦欲云云但使期子美安能少此君
任環窗四面祇讓水三分涼意旋通月秋陰欲化雲
肯教成寂寂相對即欣欣影向茶簾裊香疑酒座聞
數間開卷畫萬綠助斜曛客到如燒笋花猪共策勳
辛苦凌寒鵲為巢信爾工戶牖妙結構戶水牢彌縫
影架團團黑陽迎閃閃紅置身千尺杪得氣一窠中

間又有若老人欬且笑者於山谷中或曰此鸛鶴也
余方心動欲還而大聲發於石上噌吰如鐘鼓不絕
舟人大恐徐而察之山下皆石穴罅不知其淺深微
波入焉涵澹澎湃而為此也舟回至兩山間將入港
口有大石當中流可坐百空中而多竅與風雨相吞
吐有窾坎鏜鞳之聲與向之噌吰者相應如樂作焉
因笑謂邁曰汝識之乎噌吰者周景王之無射也窾
坎鏜鞳者衛衛獻子之歌鐘也古之人不予欺也事
不目見耳聞而意斷其有無可乎日日車塵馬足間
夢魂連夜到西山近郊地在翻成遠出郭身来始是
閒雲裹盪胸看縹緲谿邊洗耳聽潺湲秋風忽散城
頭雨先為遊人一解顏孤節短笠乍低昂翠壁丹楓

受怠慢爛漫漫莫蓬瀛贏餘邦家鄉關郎郎郤卿卿
柳卷服報危厄巷滔潑韜畧蹈履稻粱惱悅陷溺闔
閻謟佞惱憂鑿插禪淫蕩搖動恭敬慕忝泰黎滕黍
暴洚水絳河登第癸甲發榮揆同察祭蔡輒臭鶪提
攜刻鐫雋永氷凌侵浸淩凝凍凜冽凄其寒冷清泠
澌滅鑿冲沖挹寒凉涼薄制策莞爾筦簞鑰蔟符合
太蔟花簇精切勞憩尚絅迴過羌窈窕夏戛擊總芥
衡權松柏蚤早飡倏忽勗勉虧歉鼇痕全備變寇牀
脈急庶庶覓瑣鎖賴賓晋奮拔恐忍拏聘徇莅臨革
稟稟廩棄喪爨妒彝鼎鼎夔囊紉冤粤粵塵番聲敖
牆尋憑匧收兜勇敘讒髮虜袞滿隶皁怪滿契亂粉
麪剎褒搛寡棘捷涅沓體俎邃爰罰叔刧廄瀆蓑鶩

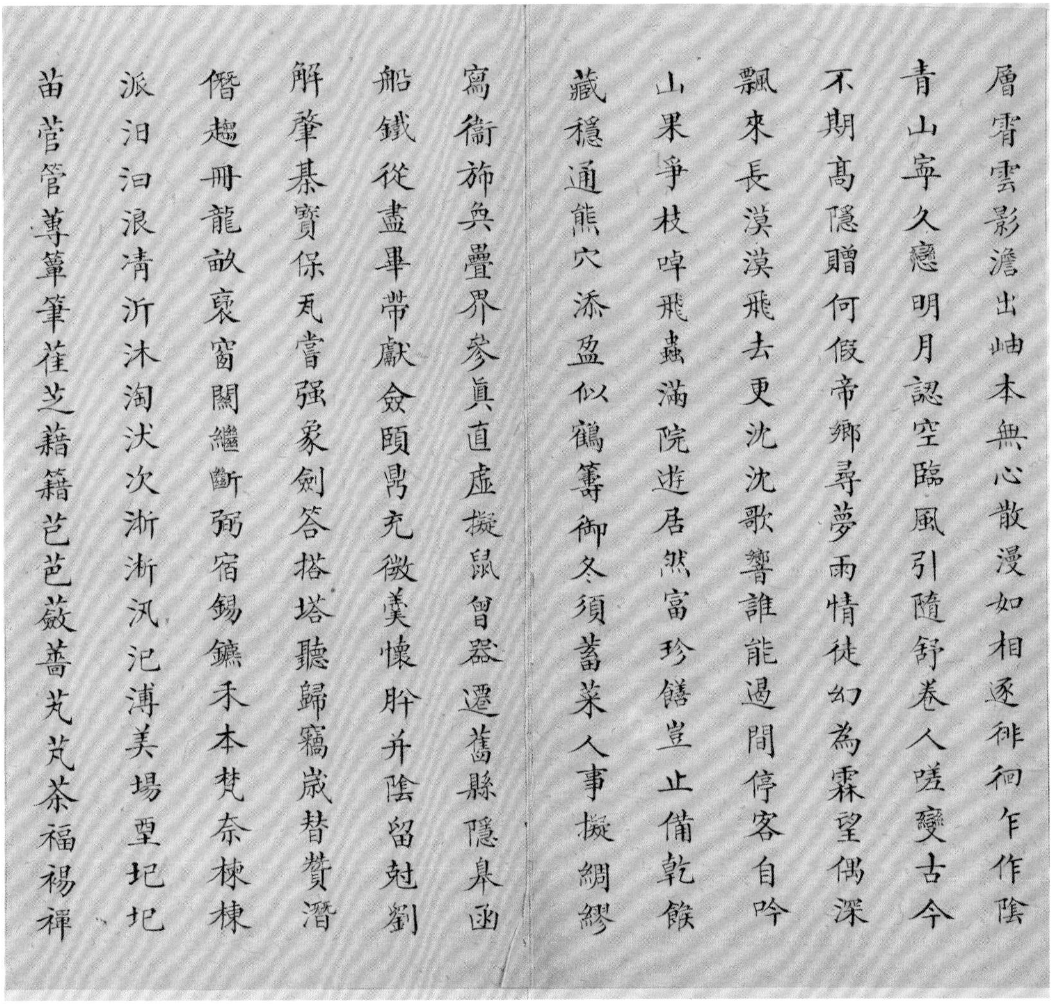

層霄雲影濳出岫本無心散漫如相逐徘徊乍作陰
青山寧久戀明月認空臨風引隨舒卷人嗟變古今
不期高隱贈何假帝鄉尋夢雨情徒幻為霖望偶深
飄來長漠漠飛去更沈沈歌響誰能遏閒停客自吟
山果爭枝啅飛蟲滿院遊居然富珍饍豈止備乾餱
藏穩通熊穴添盈似鶴籌御冬須蓄菜人事擬綢繆
寫衛旆與疊界參真直虛擬鼠曾器遷舊縣隱臬函
船鐵從盡畢帶獻僉頤咢充徵羹懷肸并陰留尌劉
解肇碁寶保瓦嘗强象劍答搭塔聽歸竊歲替贊潛
僭趨冊龍畝褎窗闕繼斷弼宿錫鑣禾本梵奈棟楝
派汩汩浪清沂沐洶状次浙淅汎氾溥美埸堲圯圮
苗管管尊箄箄萑芝藉籍芭芭薮薔艽芃荼福裼禪

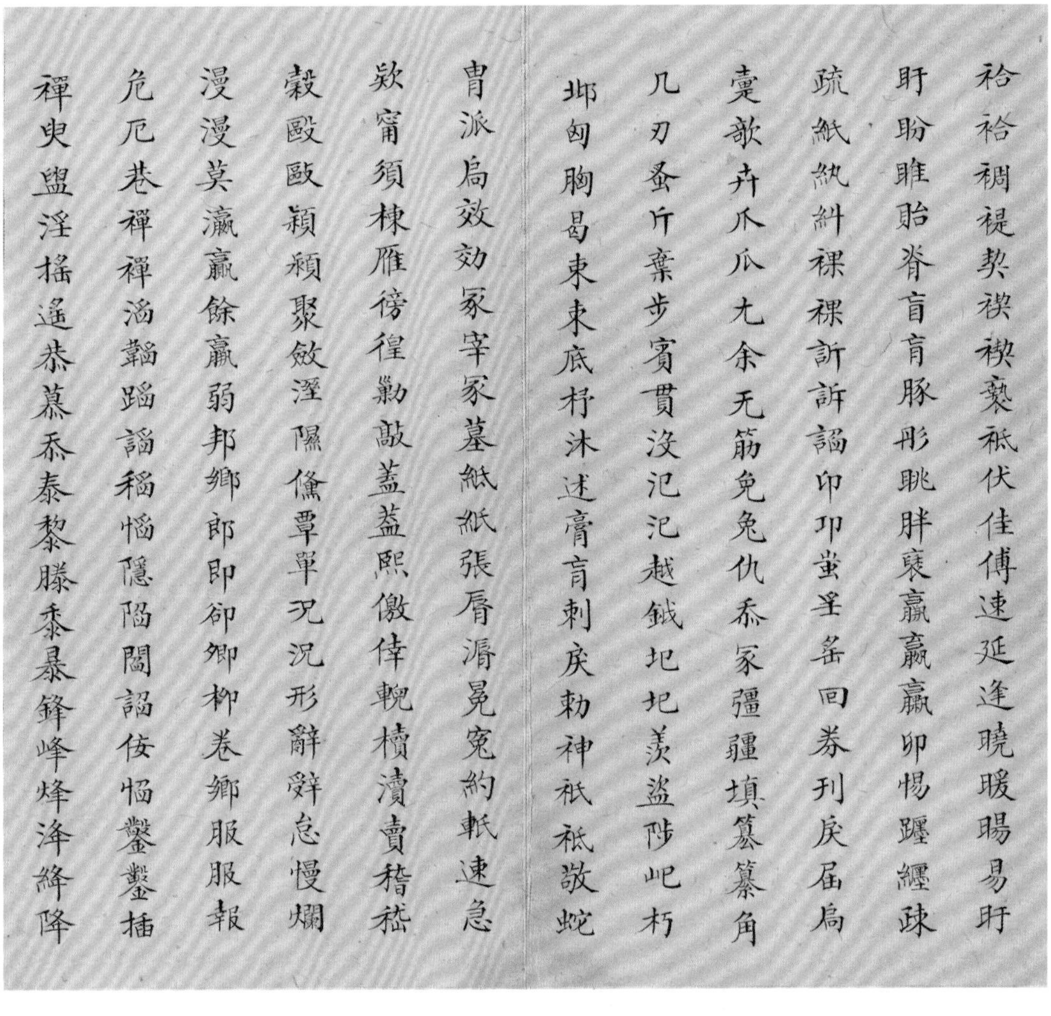

袷祫裯禔契褉褉䙝衹伏佳傅速延逢曉暖賜易昕
盰盼睢眙眘盲盲豚彤眺胖褎羸羸卯惕躧纆𨂲
疏紙紈紏裸裸訢訴謟卬卬蚩圣缶回劵刊戾屆扃
亶歆卉爪瓜尢余无筋免兔仇忝家彊殭塡篡纂角
几刃蚤斤棄步寘貫沒氾氾越鉞圯圮羨盜陟屺杇
邛匈胸昌東柬底杼沐述膏肓剌庚勑神祇祗敬蛇
胄派扁效効冢宰冢墓紙舐張脣湣冕冤約軧速急
欵甯須棟雁徬徨勦敲蓋葢熙儆倖靦櫝瀆賣稽嵇
轂毆歐穎潁聚斂溼隰像覃覃況況形辭辭息慢熳
漫漫莫瀛贏餘贏弱邦鄉郎即卻卿柳卷鄉服服報
危卮巷禪禪謟韜蹈謟稻慆隱陷閻謟佞慆鑿鑿插
禪臾盥淫搖遙恭慕忝泰黎滕黍暴鋒峰烽浲絳降

神師傳約束意外使人驚開壁馳牛鬼衘鋒出火兵
敵燒天欲紫光迸地齊明慧尾縱横埽蓮花蹴踏生
風雷連隊後金鼓助先聲游戲烽千丈喧呼月一營
連雞渾欲笑脫兎已成評叱犢今何處茫茫七十城
不是從牛口誰知士也良清聲聞扣角短調請歌商
燈火傳呼寵功名感慨長挂書前度事挾策此心忙
育育魚堪樂漫漫夜未央故山空白石捷徑託蒼浪
君自誇千駟臣非羨五羊後車終爾載遺列繼鷹揚
直逼華不注追奔勢不休單叔凌四面匹騎繞三周
齊晉忘姻好山川起敵愁風輪爭轉眼烟蓦壓當頭
鬬蝗轟盤磨攢蹄急置郵聲隨鼍鼓急雲擁虎牙秋
豐飲瓢堪給餘威燼孰收帷房兵甲起一笑竟須酬

金虎夜騰精純鈎鼓鑄成五光交電影一吼走雷聲
朱火中邊徹紅蓮顧盼呈天風驅六甲星魄攝長庚
繞指虹常白涵秋水自明幾番經拂拭所往極縱橫
犀似吹毛斷龍驚得意鳴風胡如可遇慷慨話生平
月暈重圍合將軍夜聽歌鹿亡秦地遠雞唱楚聲多
萬帳回星斗三更混鸛鵝風來添畫角酒罷失青蛾
事業今如此英雄可奈何八千悲子弟百二惜關河
殘響烏江咽餘生駿馬馱憤王祠下拜誰灑淚滂沱
大風思猛士落日上高臺游子還鄉樂長歌擊筑哀
英雄三尺劍桑梓十年悲天籟宮商發人聲笑語陪
故交多酒客隆準亦詩才北闕鑾輿返西京樂府開
翠華空想像雲氣尚徘徊至竟秋烟裏樵歌自往來

難得人爭購緣知禁已疎若將詩案比毋乃累苞苴

書奉

柳舟老先生法鑒

王文治

曇礦村邊路籠鵞記舊聞繞池方鶂鶂下筆早欣欣
皎若山陰雪披之内史雲五千難論值十百儘空羣
名豈家雞並姿仍瘞鶴分黃冠能解事紅掌竟酬勲
伴合鷗三品張同鸛一軍來禽應共賞不厭對斜曛
千載籠鵞客髯蘇比例如豬肥休誚墨羊瘦皆酬書
潤本毫尖借償還食料儲文參熟讀後贄亦束修餘

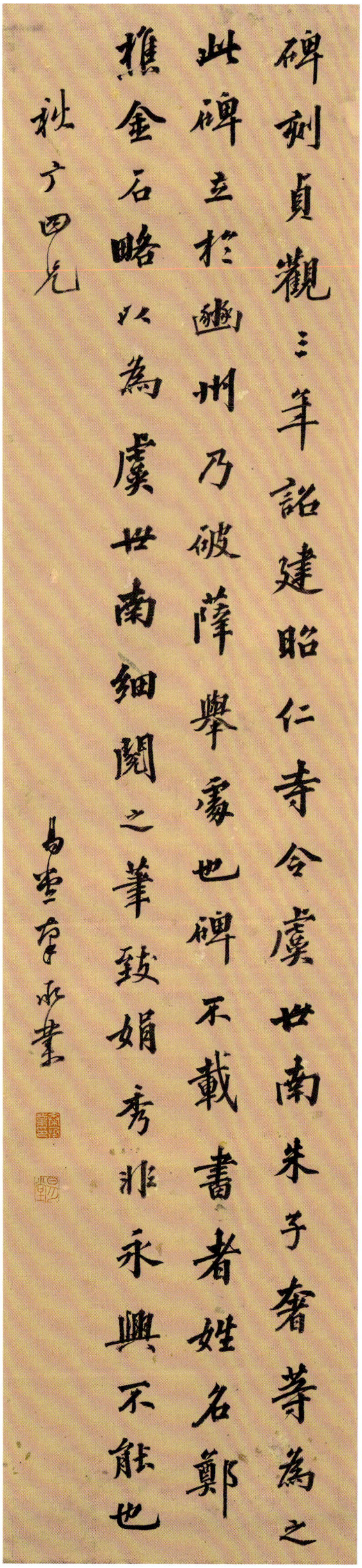
碑刻貞觀三年詔建昭仁寺令虞世南朱子奢等為之
此碑立於幽州乃破薛舉處也碑不載書者姓名鄭
樵金石略以為虞世南細閱之筆致娟秀非永興不能也
秋广四兄
易堂秦承業

清·秦承业　楷书轴

纸本

纵 127 厘米　横 30 厘米

释文：“碑刻。贞观三年，诏建昭仁寺，令虞世南、朱子奢等为之。此碑立于幽州，乃破薛举处也。碑不载书者姓名，郑樵《金石略》以为虞世南。细阅之，笔致娟秀，非永兴不能也。”落款：“秋广四兄，易堂秦承业”。下钤印二枚，一白文印为“秦承业印”；一朱文印为“易堂”。整幅作品笔法古拙劲正，风格质朴方严，清秀俊朗。

秦承业（1747～1828），字补之，号易堂，江苏南京人，是道光皇帝的启蒙老师。秦承业逝世后，道光皇帝出于感激和怀念恩师，破格赐谥“文悫”。

清·铁保　行书轴

纸本
纵 99.7 厘米　横 36.5 厘米

释文：“放翁诗：逢人久作低眉佛，入世聊为忍辱仙。真学问有得之言。”落款：“丙子冬月，铁保”。下钤印二枚，一朱文印为“铁保私印”；一白文印为“梅庵”。整幅作品运笔娴熟，线条流畅，不激不励，气息平和，颇有晋人遗风。

铁保（1752～1824），字治亭，号梅庵，清代书法家，乾隆三十七年（1772 年）进士，官至两江总督。铁保优于文学，长于书法，词翰并美。

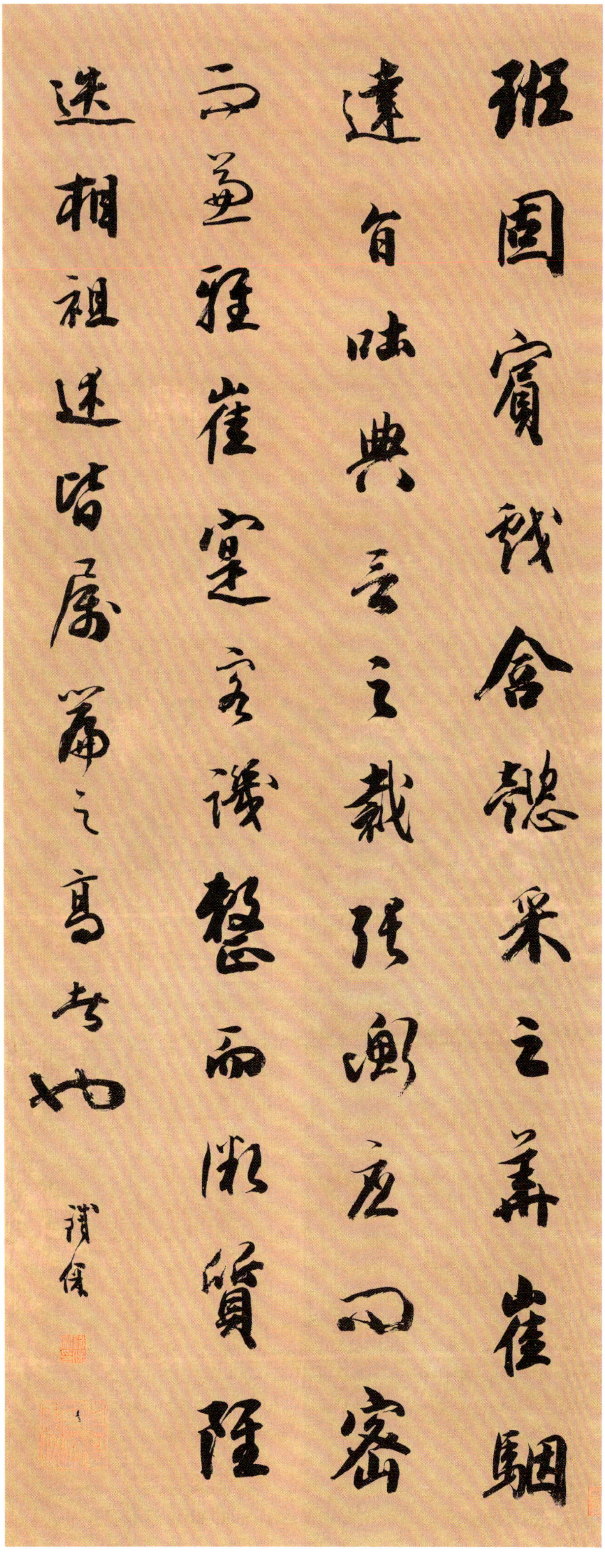

清·铁保　行书《文心雕龙·杂文》轴

纸本
纵 128 厘米　横 56 厘米

释文：“班固《宾戏》，含懿采之华；崔骃《达旨》，吐典言之裁；张衡《应间》，密而兼雅；崔实《客讥》，整而微质；虽迭相祖述，皆属篇之高者也。”落款：“铁保”。下钤一白文印“铁保私印”。此轴书法用笔粗重，结字紧密，沉稳自然，独具淳雅之意。

清·铁保　行书册页

纸本

纵 35 厘米　横 20 厘米

此行书册页是梁绘星家传，蔡之定撰文，铁保书写。蔡之定落款：“蔡之定顿首拜撰”。下钤印二枚，一白文印为“蔡之定印”；一朱文印为“生甫”。铁保落款：“长白铁保顿首拜书”。下钤印二枚，一朱文印为“铁保私印”；一白文印为“梅庵”。册页书法运笔精熟，字形错落，左右呼应，行气贯通，顿挫分明，刚柔相济，墨色变化有致。

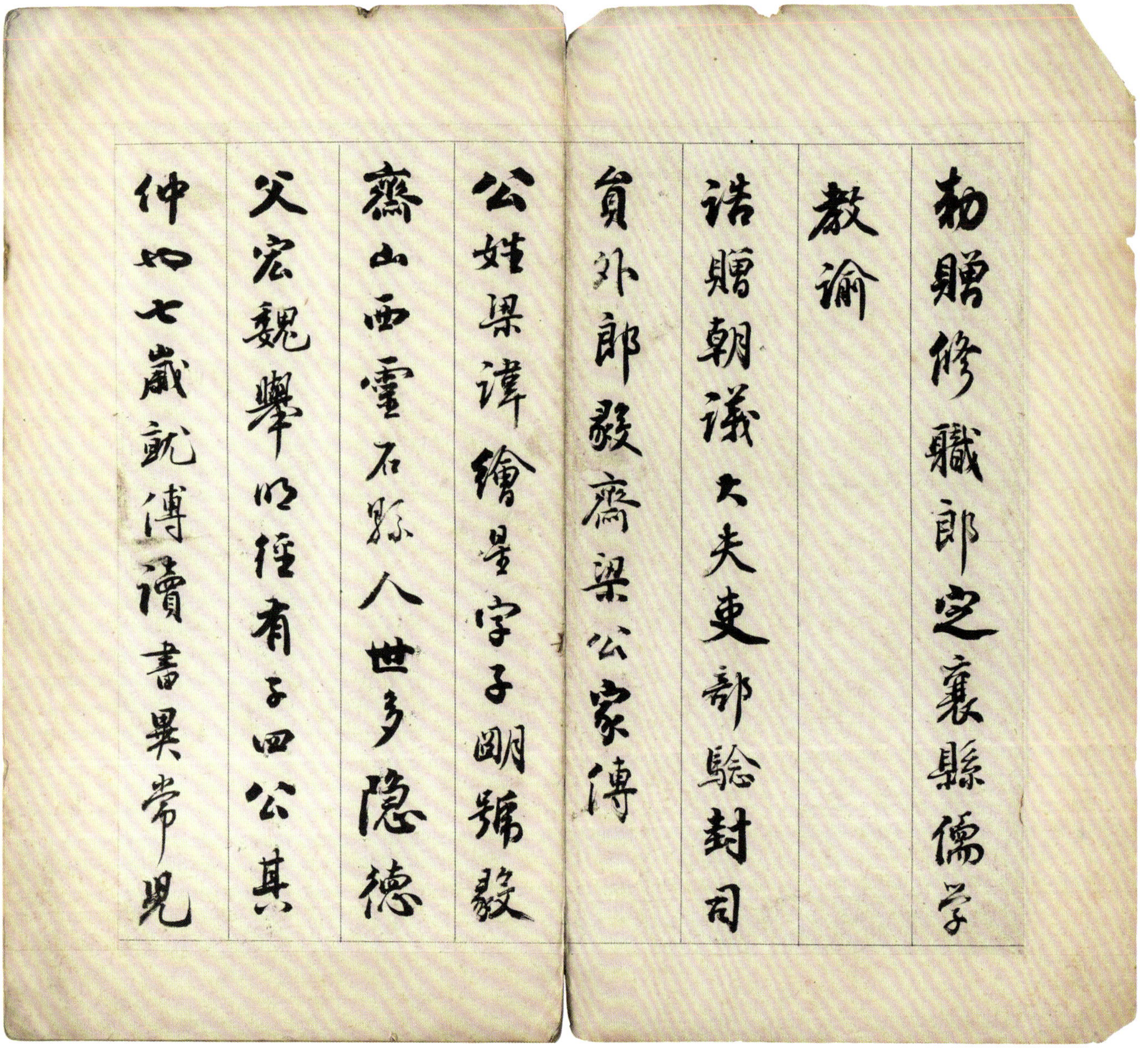
勅贈修職郎定襄縣儒学
教諭
誥贈朝議大夫吏部驗封司
員外郎毅齋梁公家傳
公姓梁諱繪量字子明號毅
齋山西靈石縣人世多隱德
父宏魏舉以経有子四公其
仲也七歲就傅讀書異常兒

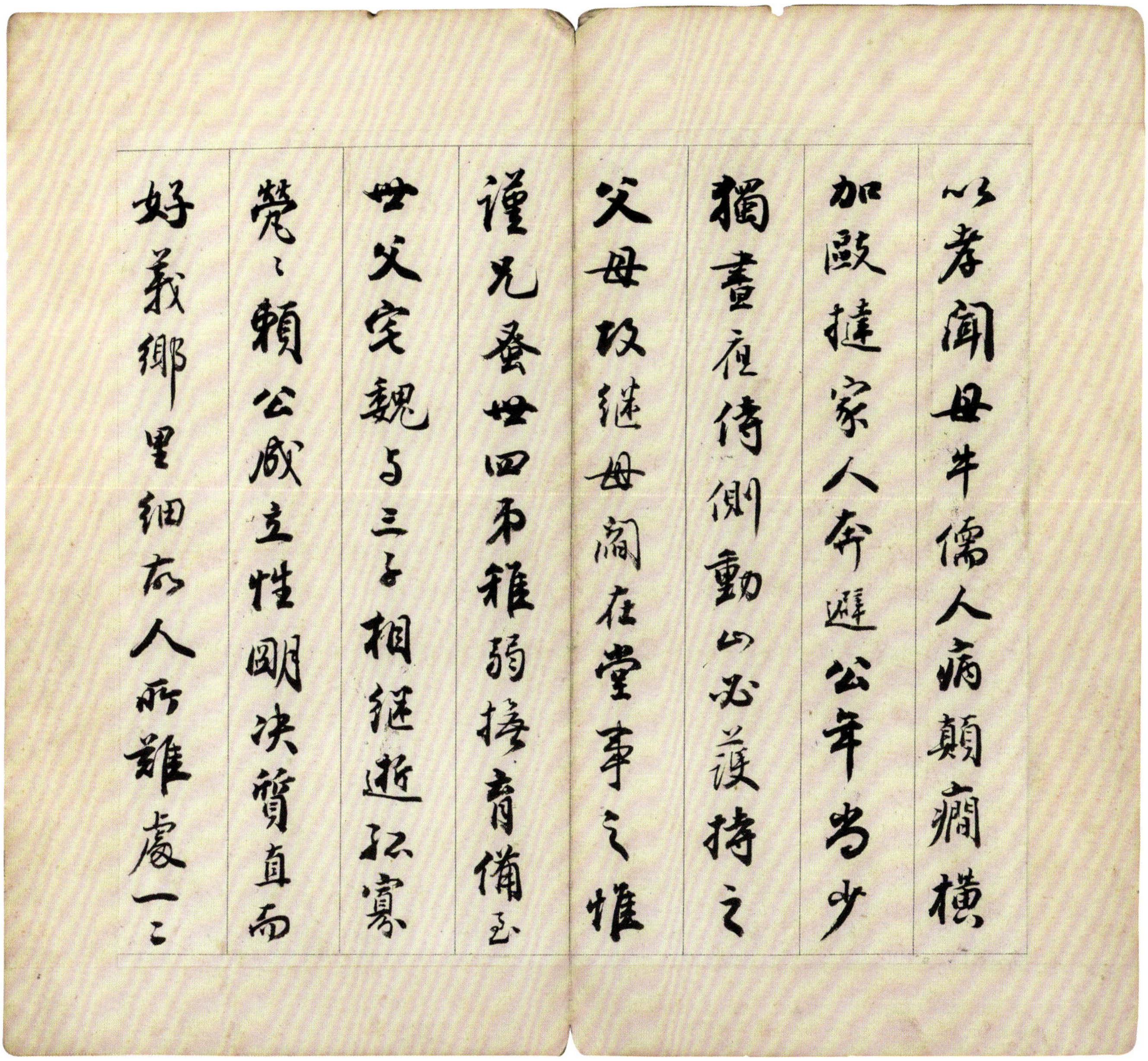
以孝聞母牛儒人病顛癎橫
加毆撻家人奔避公年尚少
獨晝夜侍側動必護持之
父母歿繼母闔在堂事之惟
謹兄疊世四年雖弱撫育備至
世父完魏與三子相繼逝孤寡
煢煢賴公成立性明決質直而
好義鄉里細故人所難處一二

謹兄叠世四不雖弱撫育備至
世父寔魏与三子相継逝孤寡
煢煢賴公威立性剛決質直而
好義鄉里細故人所難處一二

以孝聞母牛儒人病顛癇橫

加毆撻家人奔避公年尚少

獨晝夜侍側動必護持之

父母歿繼母闞在堂事之惟

暑可活也生藥納口中移時
而甦比官丞推車者已行
遠矣公志高行潔布衣終
其身訓子弟以立品學云讀
書豈專為舉業暇日每述
先人逸事誥之俾承祖業艱
難子弟自塾歸篝燈夜課
漏下三四鼓就寢手錄前言

往行刻於壁俾子弟出入觀
省公孫子中諱泰登辛酉進
士改庶吉士今官吏部員外
郎季中孚癸酉科舉人定
襄縣教諭並出余門以狀知
公特詳云
論曰余覽後漢書獨行傳頡
川劉翊豐於財善濟人急鄉

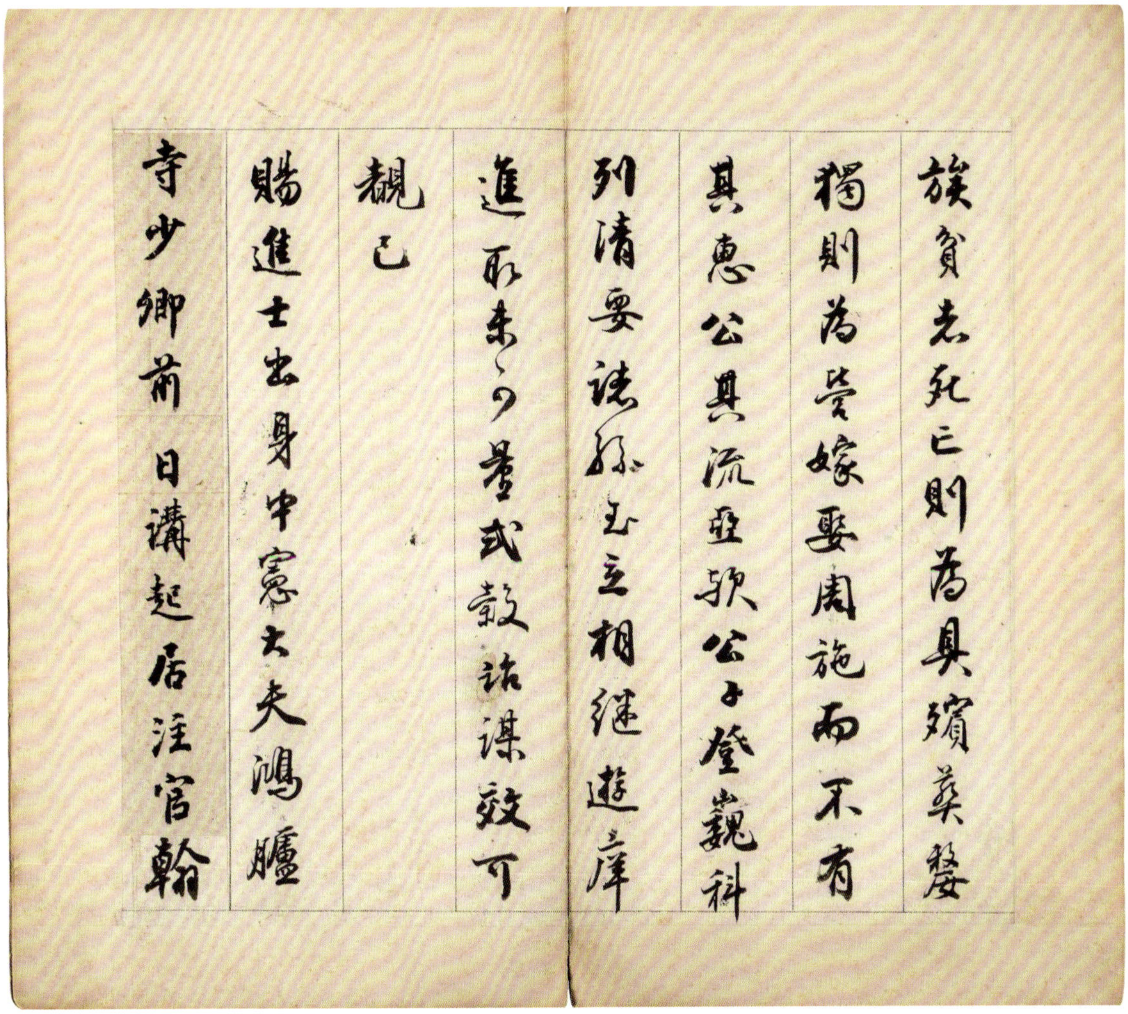

旗貧老死已則爲具殯葬嫠
獨則爲營嫁娶周施而不有
其惠公其流亞歟公子登巍科
列清要諫猷互相繼遊庠
進取未之量式穀詒謀致可
覲已
賜進士出身中憲大夫鴻臚
寺少卿前日講起居注官翰

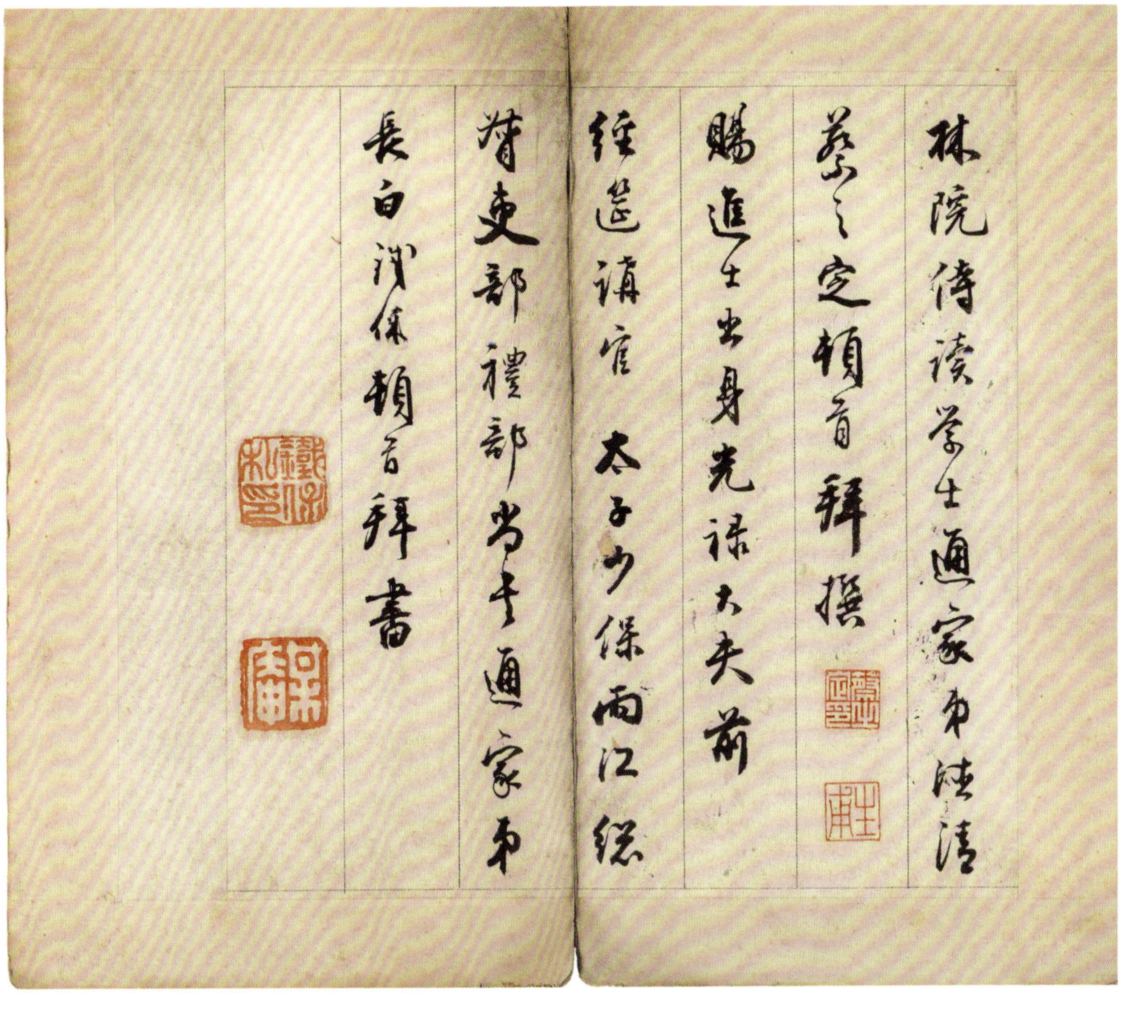

林院侍讀學士通家年姪清
蔡之定頓首拜撰
賜進士出身光祿大夫前
經筵講官 太子少保兩江總
督吏部禮部尚書通家年
長白鐵保頓首拜書

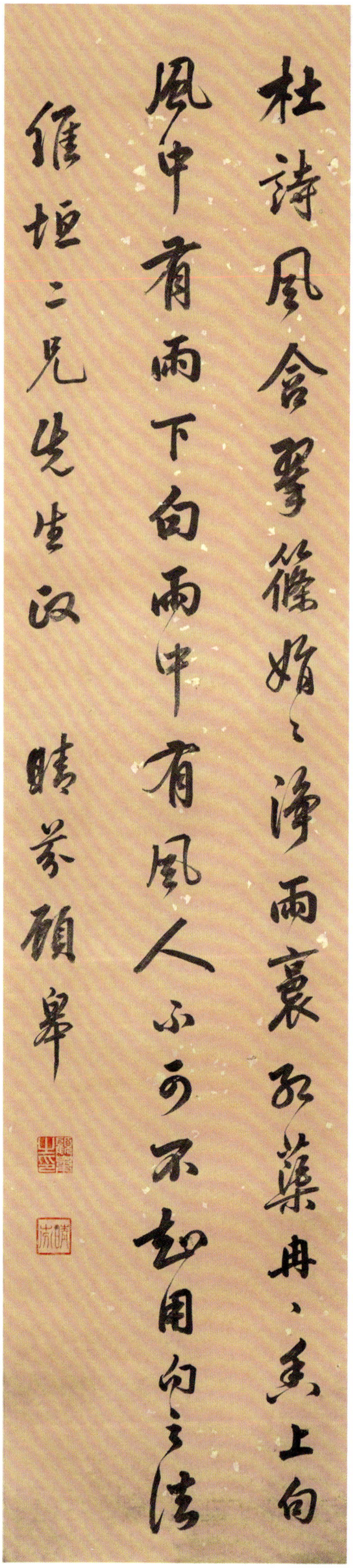

清·顾皋　行书《狂夫》诗轴

纸本
纵 124.5 厘米　横 29 厘米

释文：“杜诗：风含翠篠娟娟净，雨裛红蕖冉冉香。上句风中有雨，下句雨中有风。人不可不知用句主法。”落款：“维垣二兄先生政，晴芬顾皋”。下钤印二枚，一白文印为“顾皋之印”；一朱文印为“晴芬”。此书作整体给人以气息平和，清雅有致之感。

顾皋（1763～1832），字晴芬，号缄石，江苏无锡人，嘉庆六年（1801 年）状元，历任内阁学士、礼部侍郎和侍读学士等职。

清·姚元之　隶书六言联

纸本
纵 149 厘米　横 39.5 厘米

释文：“恭敬撙节退让，刚健笃实辉光。”落款：“竹叶亭生姚元之”。下钤朱文印二枚，为“姚氏伯印”“元”。此书作用笔朴实，气息高古，给人以厚重、大气之感，字体结构严谨而规矩，平稳而凝重，雄强而挺拔，笔画方中有圆，舒展坦荡，多用重墨。

姚元之（1773～1852），字伯昂，号荐青居士、竹叶亭生，晚号五不翁，安徽桐城人。

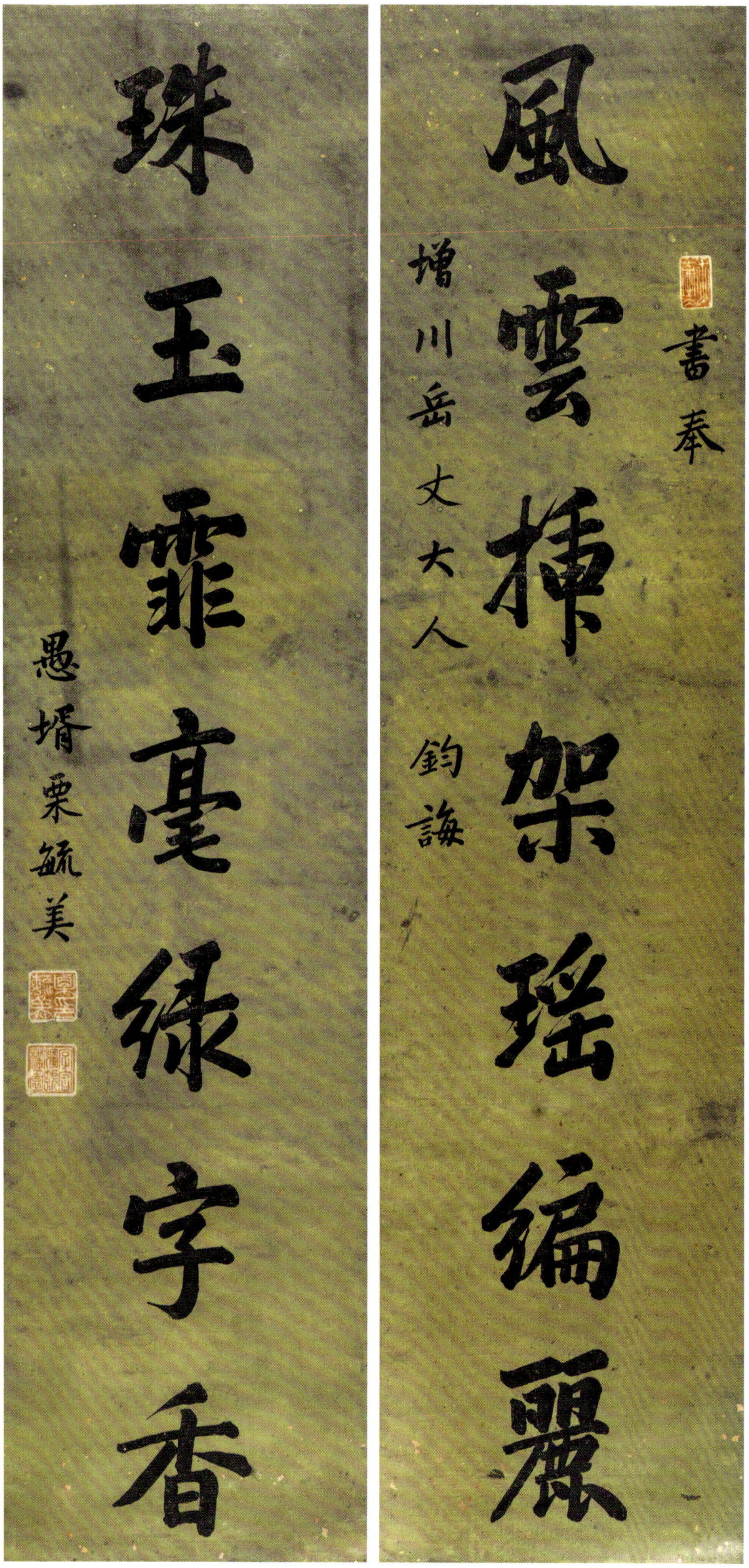

清・栗毓美　楷书七言联

纸本

纵 126.6 厘米　横 33.1 厘米

释文："风云插架瑶编丽，珠玉霏毫绿字香。"落款："书奉增川岳丈大人钧诲，愚婿栗毓美"。下钤印二枚，一白文印为"栗毓美印"；一朱文印为"字含辉号朴园"。作品厚重有力、严谨而不呆板，用笔上有一种厚重中显灵动之美的艺术气息，可以看出栗毓美的书法造诣是很高的。

栗毓美（1778～1840），字含辉，号朴园，山西浑源人，历任知州、知府、布政使、护理巡抚、河道总督等职，在治理黄河方面做出很大的贡献，擅书法。

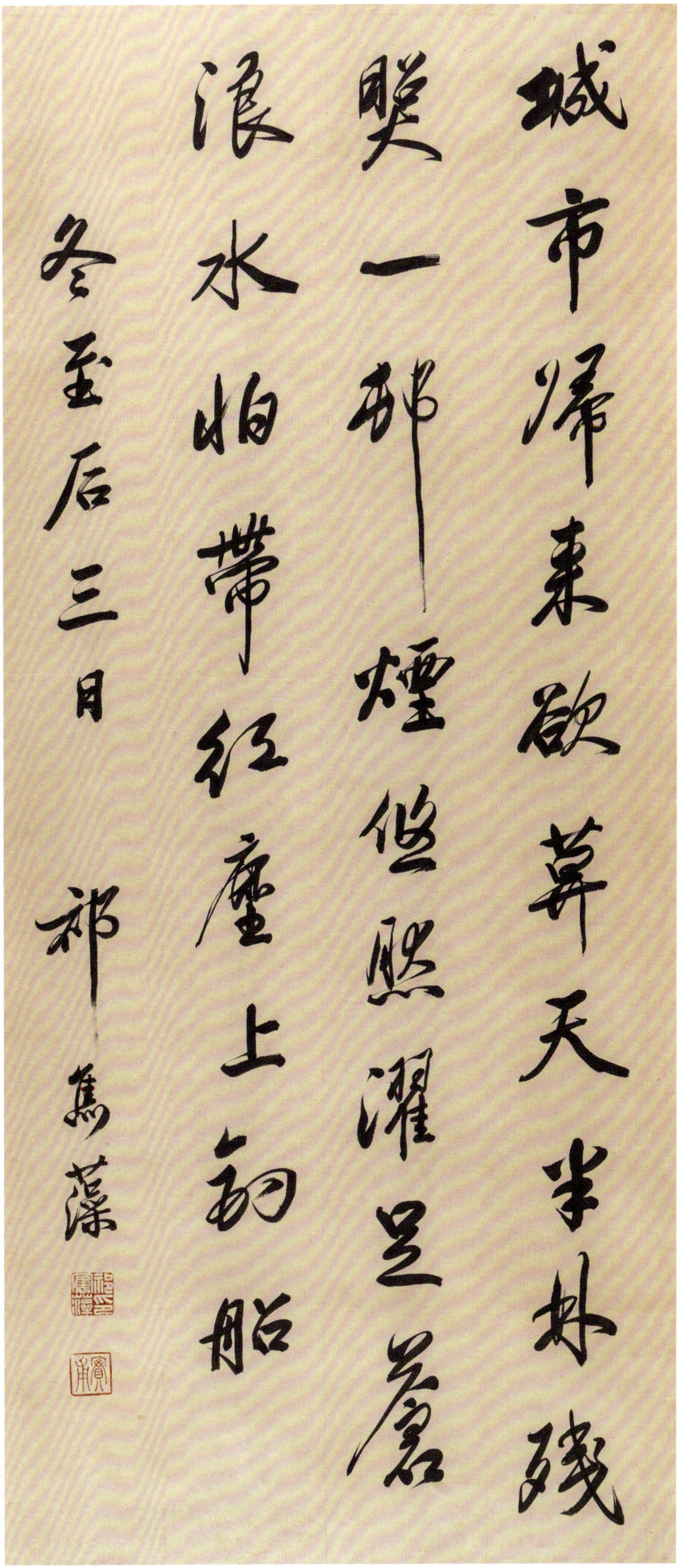

清·祁寯藻　行书轴

纸本

纵 122.7 厘米　横 59 厘米

释文：“城市归来欲算天，半林残照一郫烟。悠然濯足苍浪水，怕带红尘上钓船。”落款：“冬至后三日，祁寯藻”。下钤印二枚，一白文印为“祁寯藻印”；一朱文印为“实甫”。

祁寯藻（1793～1866），字叔颖，号淳甫，后因避讳改实甫，又号春圃、息翁，山西寿阳人。祁寯藻是祁韵士的第五子，嘉庆十九年（1814 年）进士，官至大学士、首席军机大臣，谥“文端”，是清代晋人在朝中居官最高最久者，曾为道光、咸丰、同治皇帝授课，人称“三代帝师”，为史上所罕有。他的书法深厚遒劲，自成一格，在行书和楷书方面都有很高成就，在清代山西书法史上的影响和地位，堪称傅山之后第一人。

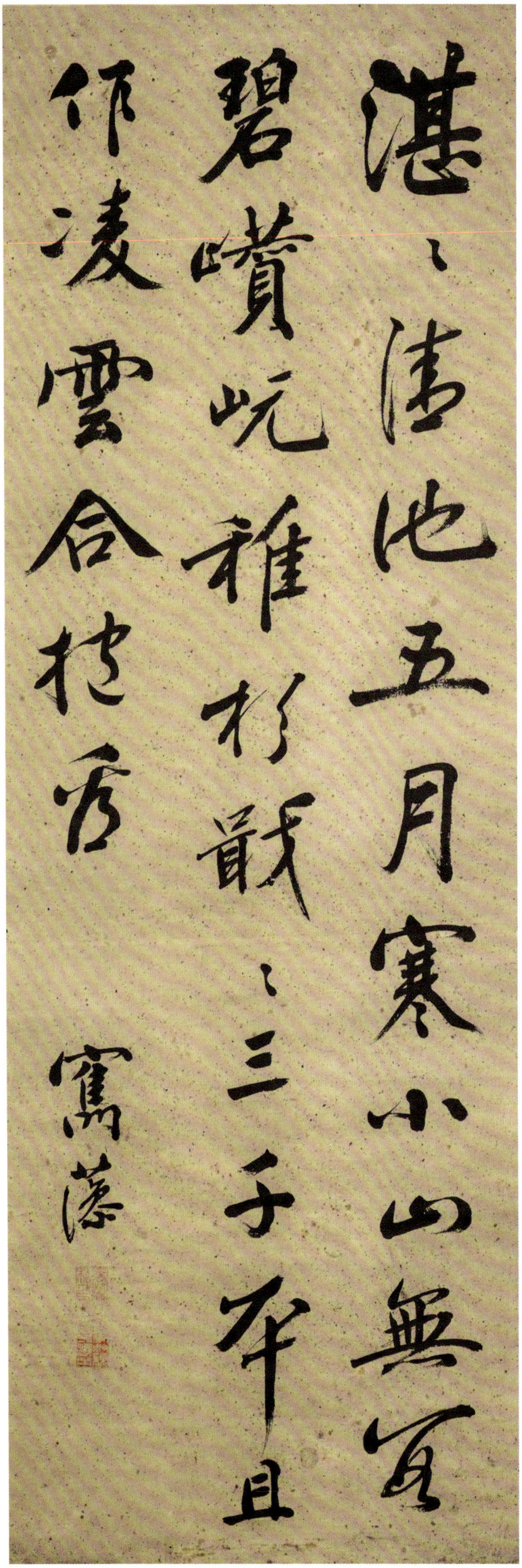

清·祁寯藻　行书《与孟震同游常州僧舍》诗轴

纸本

纵 116.9 厘米　横 40.3 厘米

释文：“湛湛清池五月寒，小山无数碧巑岏。稚杉戢戢三千本，且作凌云合抱看。”落款：“寯藻”。下钤印二枚，一朱文印为“寯藻私印”；一白文印为“字叔颖号淳甫”。此书作用笔轻松流畅，虚实相映，结字平和峻丽。

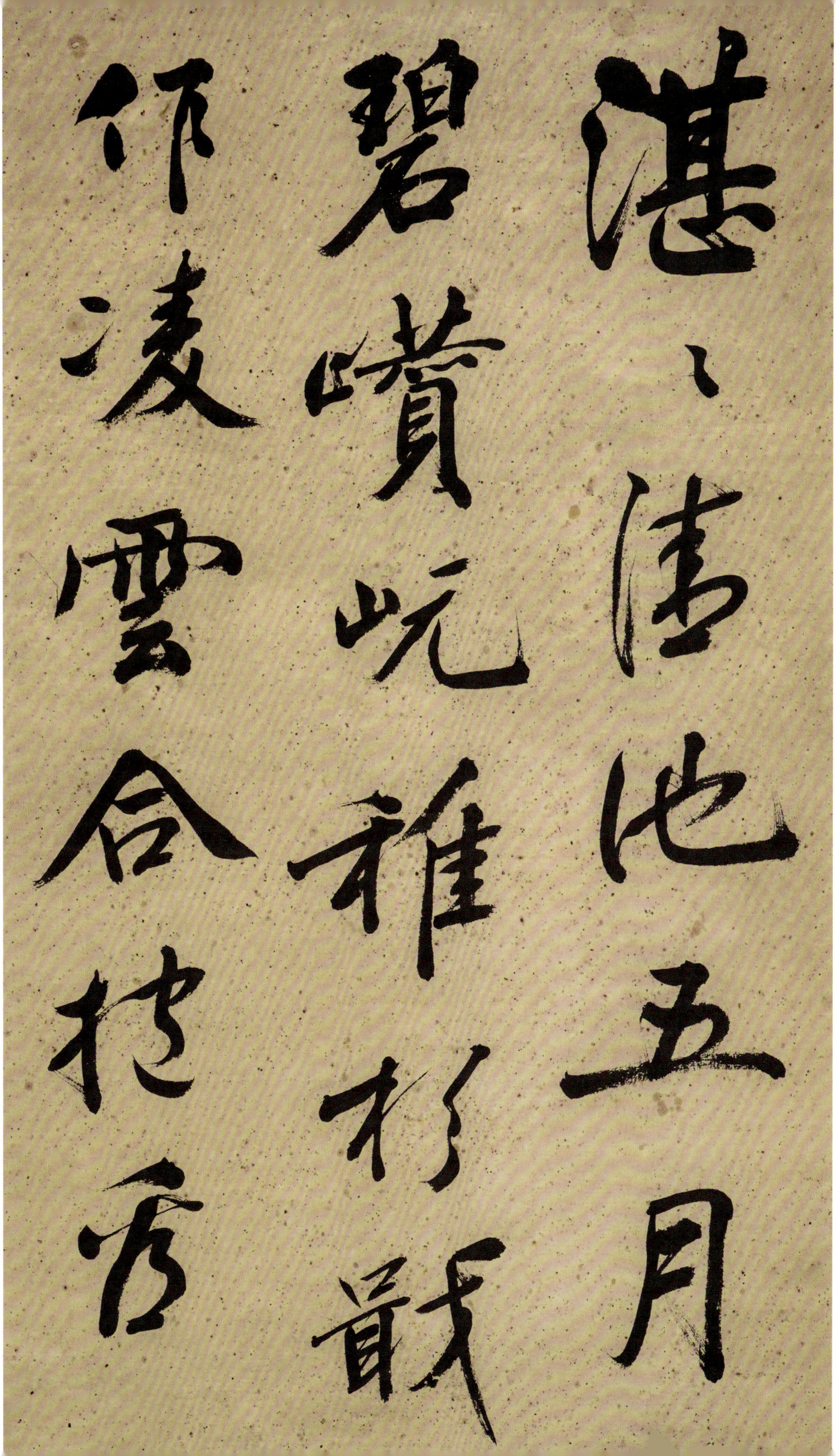

行书《与孟震同游常州僧舍》诗轴（局部）

驚四
筵
祁寯藻

清·祁寯藻　楷书卷

纸本

纵 32 厘米　横 88 厘米

释文：“高谈雄辩惊四筵。”落款：“祁寯藻”。旁钤印二枚，一白文印为“祁寯藻印”；一朱文印为“淳甫”。此书作笔墨浑厚，遒劲刚健。

色相留清气满乾坤

爽石山农句

沂南世海屏仁兄

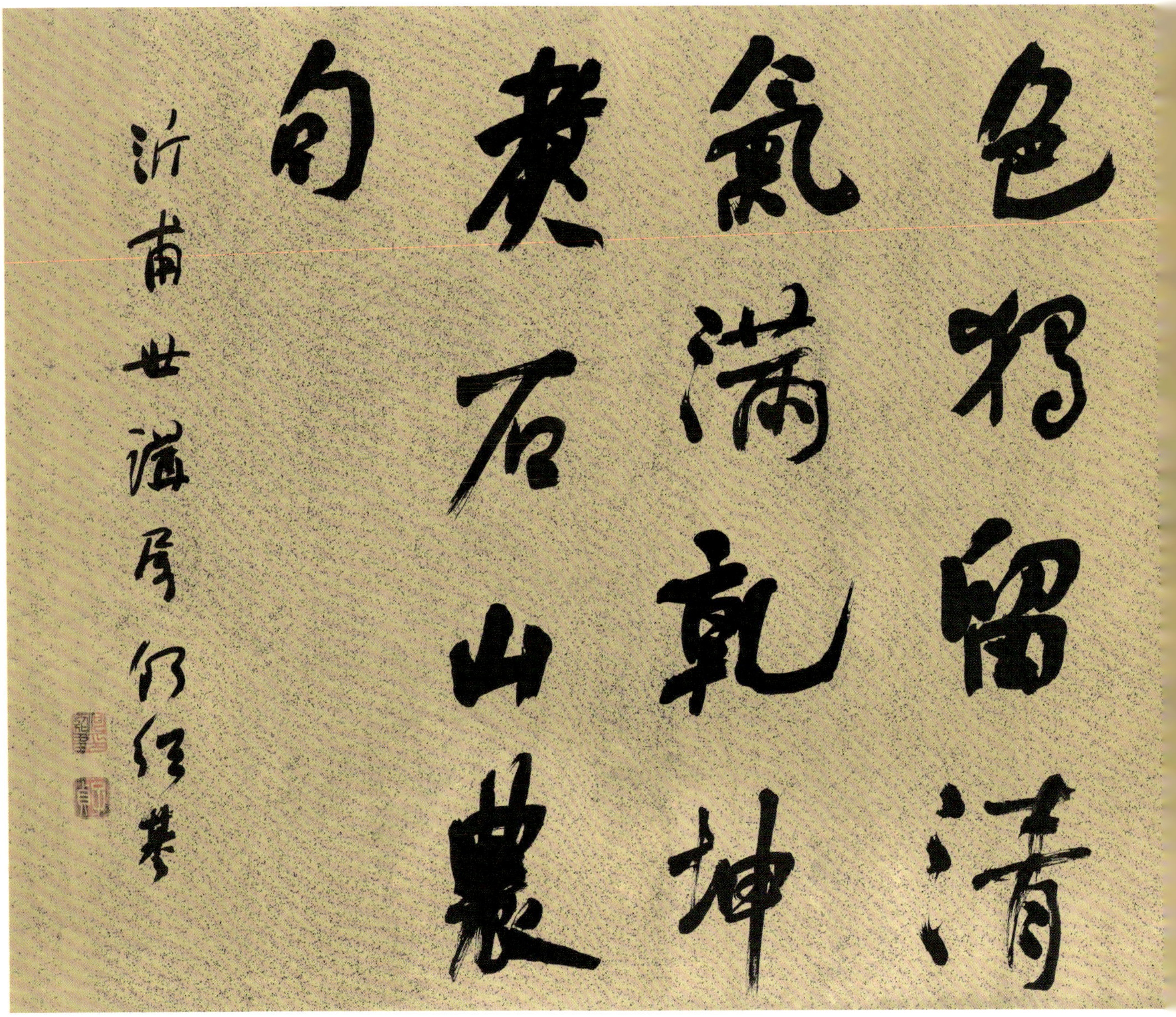

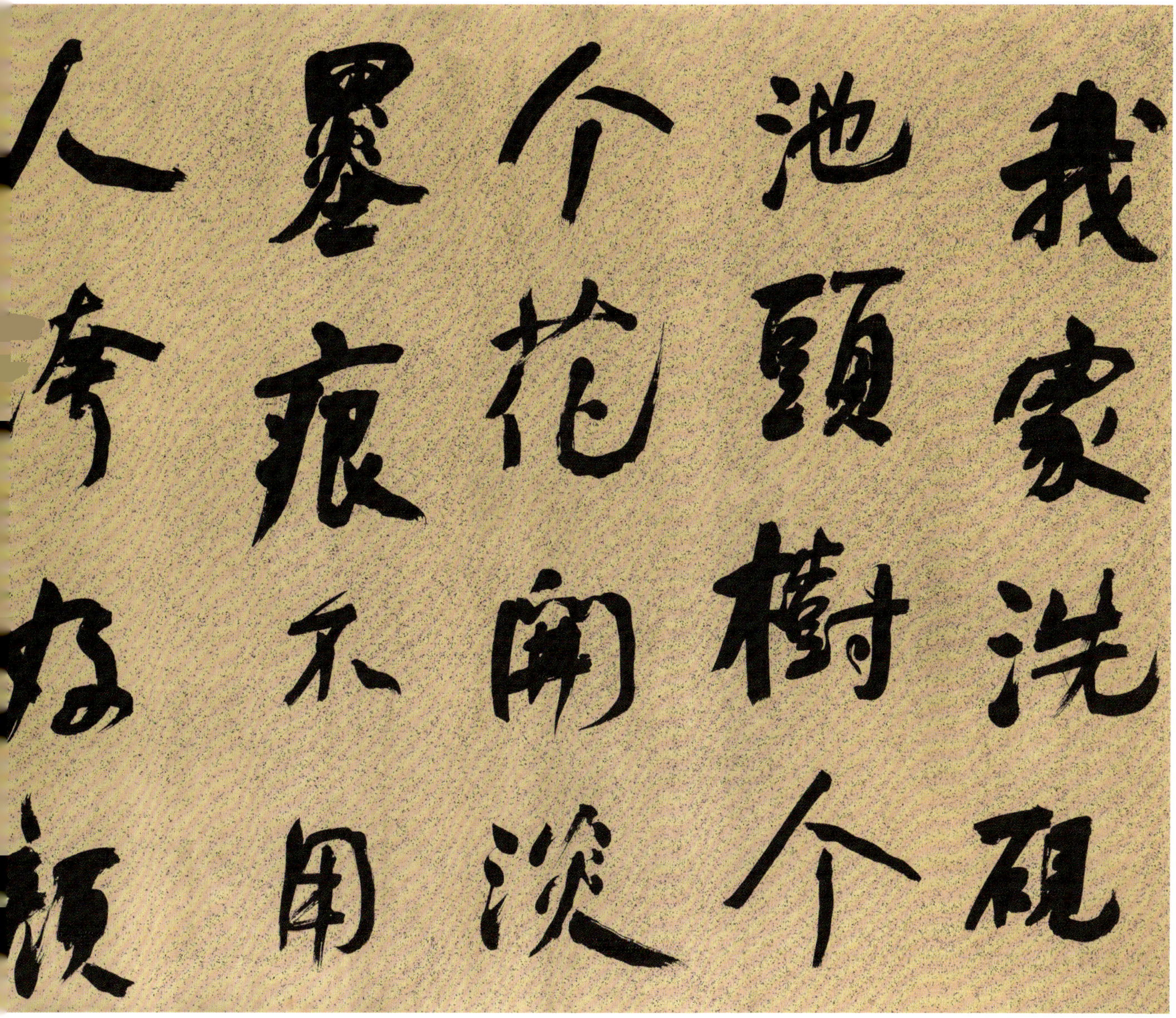

清·何绍基　行书《墨梅》诗卷

纸本

纵 64.7 厘米　横 162.5 厘米

释文："我家洗砚池头树，个个花开淡墨痕。不用人夸好颜色，独留清气满乾坤。煮石山农句。"落款："沂甫世讲属，何绍基"。旁钤印二枚，一朱文印"何绍基印"；一白文印"子贞"。此书作墨色饱满，主体结构松而不弛，独具面貌，给人带来一种特殊寻味的艺术感觉。

何绍基（1799～1873），字子贞，号东洲，晚号猿叟（一作蝯叟），湖南道州（今湖南道县）人，清代诗人、学者、书法家。

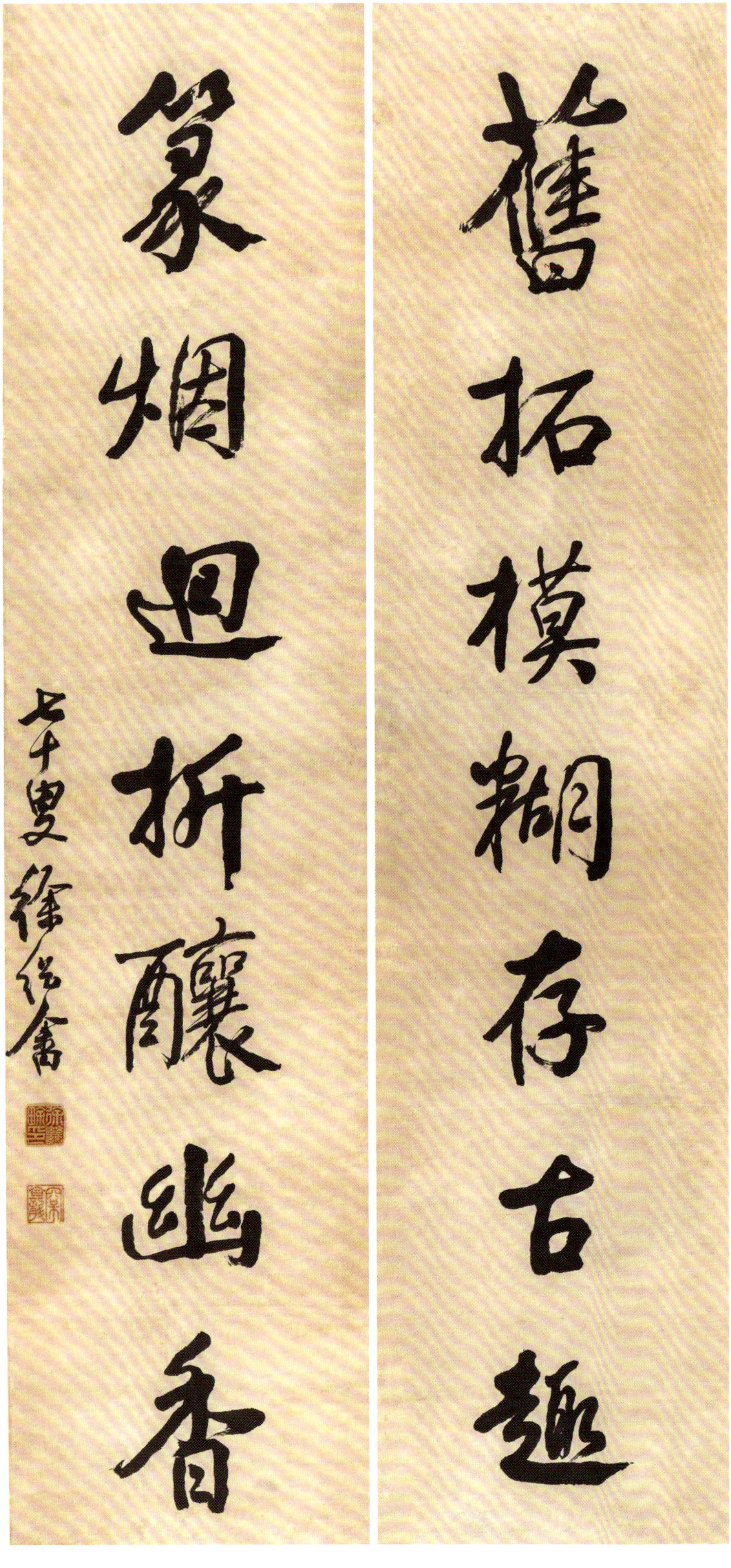

清·徐继畬　行书七言联

纸本

纵 120 厘米　横 32 厘米

释文：“旧拓模糊存古趣，篆烟迴折酿幽香。”落款：“七十叟徐继畬”。钤印二枚，一白文印“徐继畬印”；一朱文印“松龛”。此对联行笔流畅，柔中有刚。

徐继畬（1795～1873），字松龛，又字健男，别号牧田，山西五台人，道光六年（1826 年）进士，晚清名臣、学者，历任福建巡抚、闽浙总督等。徐继畬在文学、历史、书法等方面都有一定的成就。

清·张穆　行书七言联

纸本

纵 125 厘米　横 27.9 厘米

释文："到处聚观香案吏，陶然共醉菊花杯。"落款："罄宜大兄雅正，殷斋张穆"。下钤印二枚，一白文印为"平定张穆"；一朱文印为"殷斋居士"。此对联笔力劲健，功力深厚，章法疏朗，表现出一种雅致的艺术品格。

张穆（1805～1849），初名瀛暹，字石舟、穆之，亦字石州，号殷斋，山西平定人，著名的爱国思想家、地理学家、诗人和书法家。

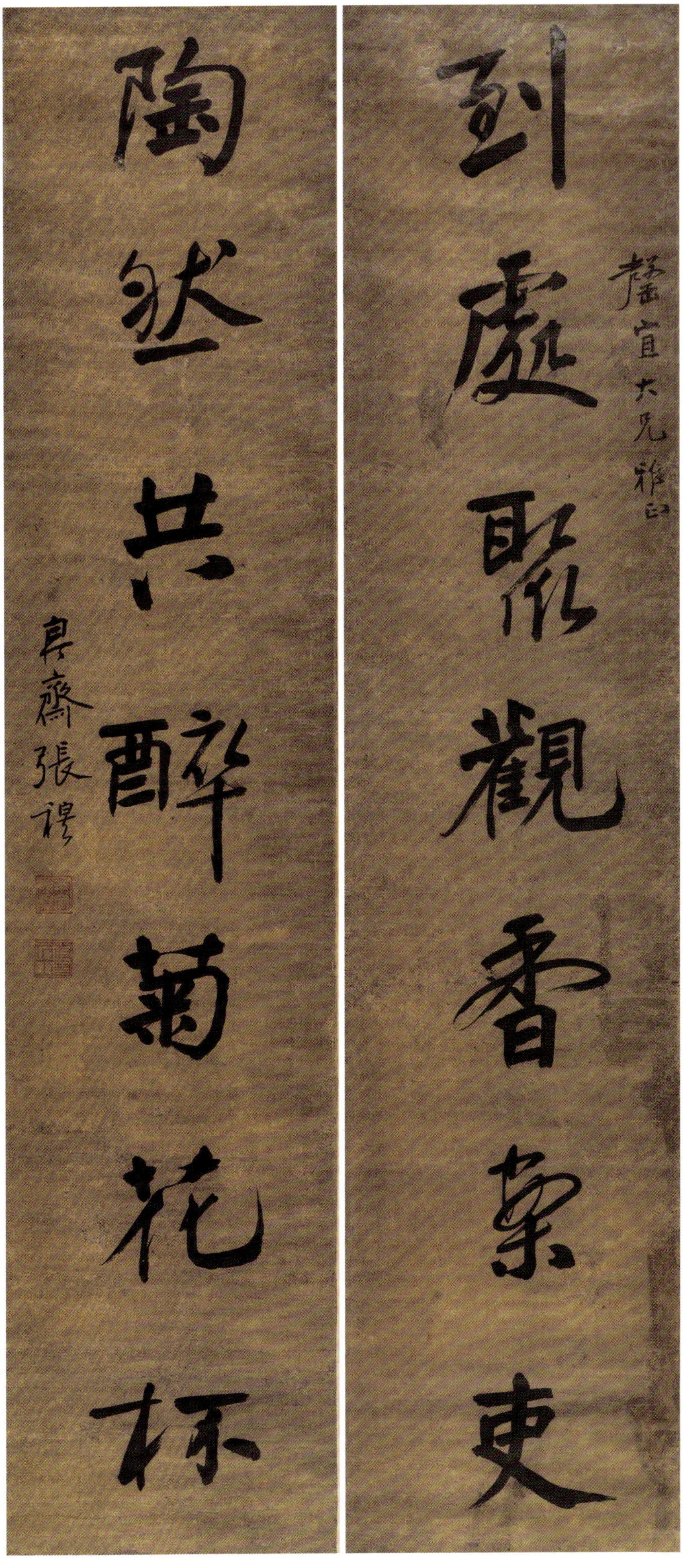

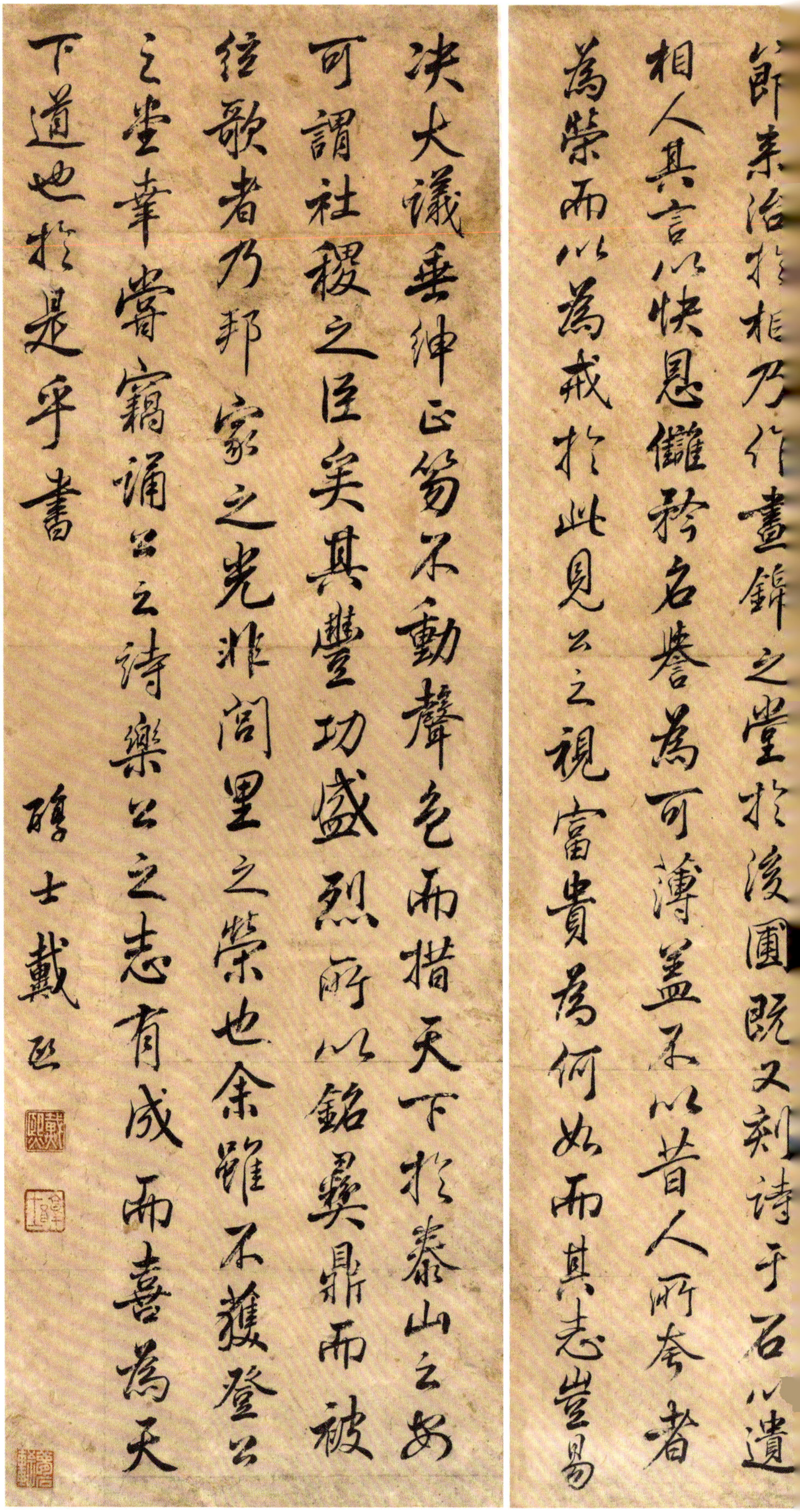

清·戴熙　行书《相州昼锦堂记》条屏

纸本
纵 72.3 厘米　横 49 厘米

此行书条屏书写的内容是欧阳修《相州昼锦堂记》。落款：“醇士戴熙”。下钤印二枚，一白文印为“戴熙”；一朱文印为“醇士”。此书作结体严谨，笔墨遒劲，气势贯通，是戴熙难得的书法精品。

戴熙（1801～1860），字醇士，号鹿床、榆庵、井东居士等，浙江钱塘（今浙江杭州）人，晚清书画家。戴熙在诗、书、画方面，都有精深的造诣。

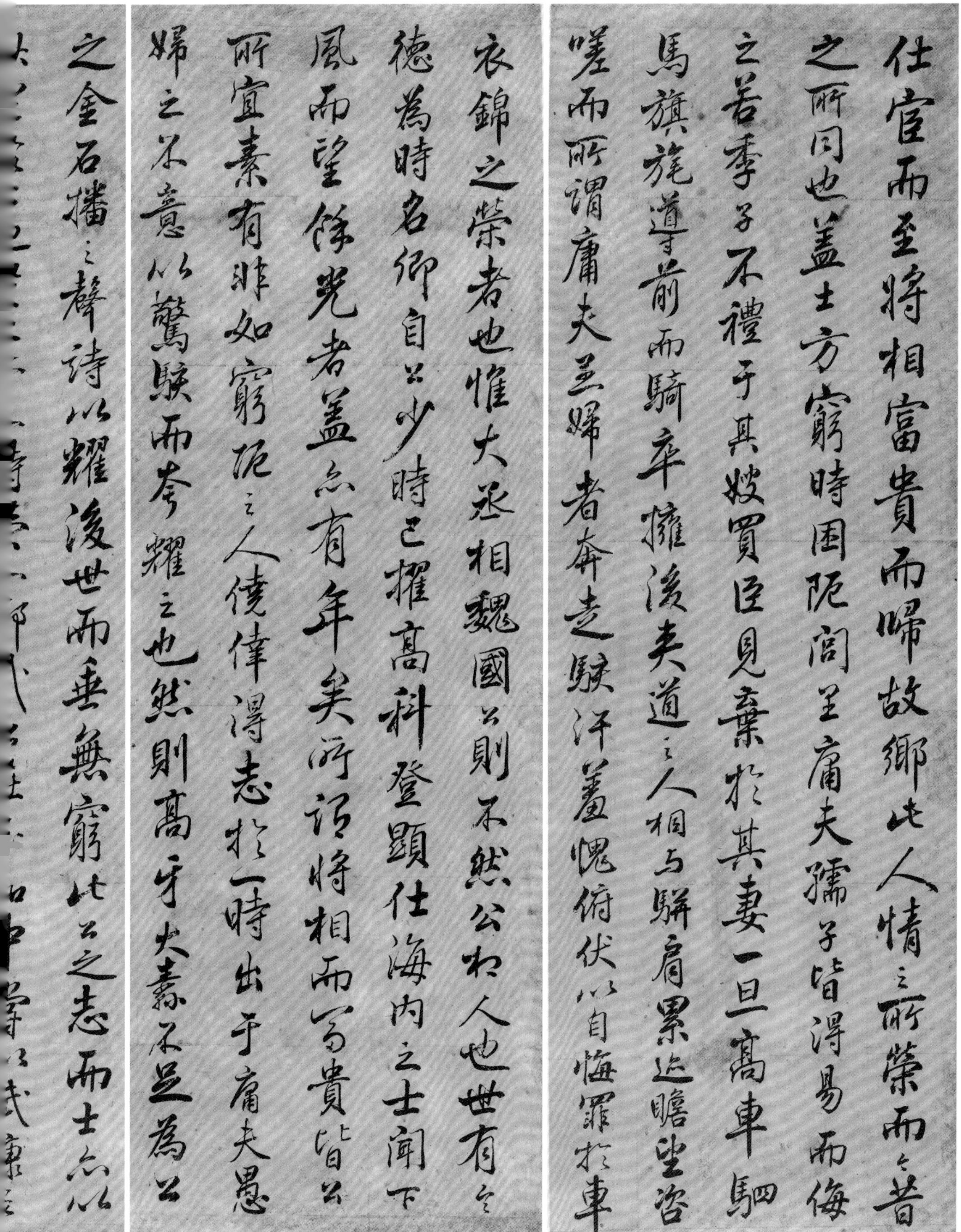
仕宦而至將相富貴而歸故鄉此人情之所榮而今昔
之所同也蓋士方窮時困阨閭里庸夫孺子皆得易而侮
之若季子不禮於其嫂買臣見棄於其妻一旦高車駟
馬旗旄導前而騎卒擁後夾道之人相與駢肩累迹瞻望咨
嗟而所謂庸夫愚婦者奔走駭汗羞愧俯伏以自悔罪於車
衣錦之榮者也惟大丞相魏國公則不然公相人也世有令
德為時名卿自公少時已擢高科登顯仕海內之士聞下
風而望餘光者蓋亦有年矣所謂將相而富貴皆公
所宜素有非如窮阨之人僥倖得志於一時出於庸夫愚
婦之不意以驚駭而夸耀之也然則高牙大纛不足為公
之金石播之聲詩以耀後世而垂無窮此公之志而士亦以

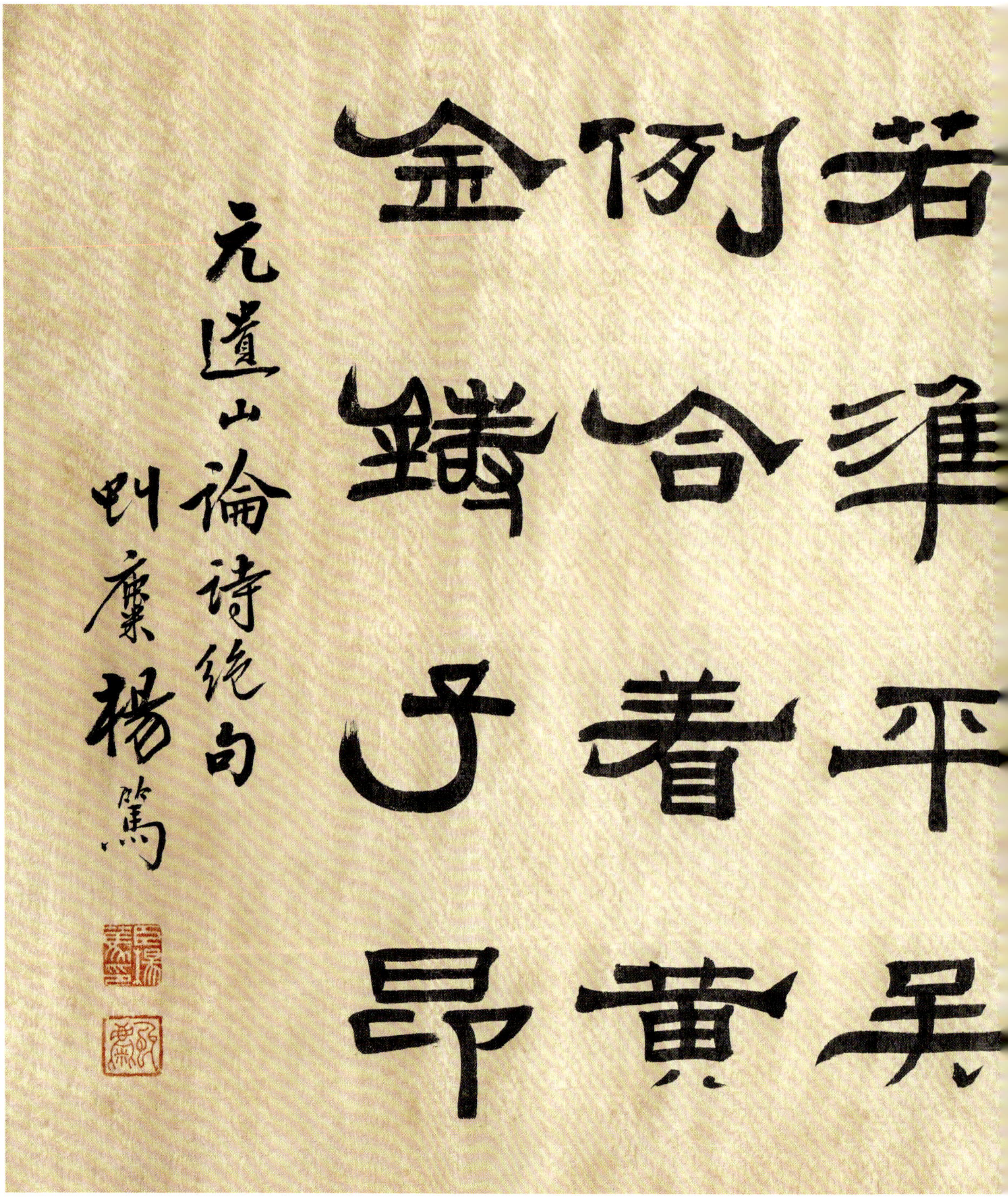

清·杨笃　隶书《论诗三十首·其八》卷

纸本

纵 58.8 厘米　横 103 厘米

释文：“沈宋驰名翰墨场，风流初不废齐梁。论功若准平吴例，合着黄金铸子昂。”落款：“元遗山论诗绝句，虬麋杨笃”。下钤印二枚，一白文印为“臣杨笃印”；一朱文印为“虬麋”。此书作用笔厚重，古朴大雅。

杨笃（1834 ～ 1894），字巩固，别署琴如，号秋湄，别号北屈，或署虬麋道人等，山西乡宁人，同治三年（1867 年）举人，杨笃是当时极负盛名的诗人、书法家，尤擅金石书法。

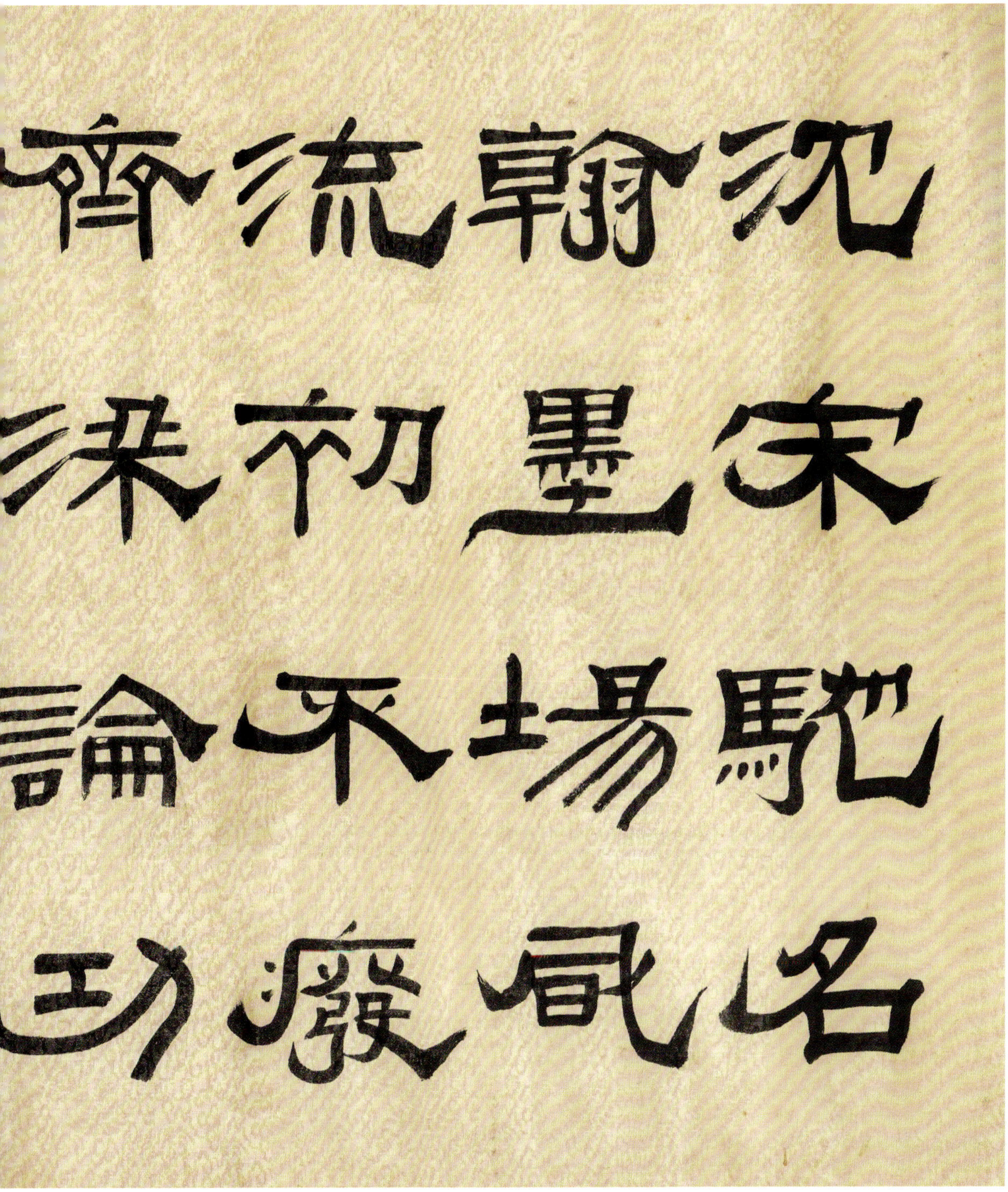
沈宋馳名
翰墨場風
流初不癈
齊梁論功

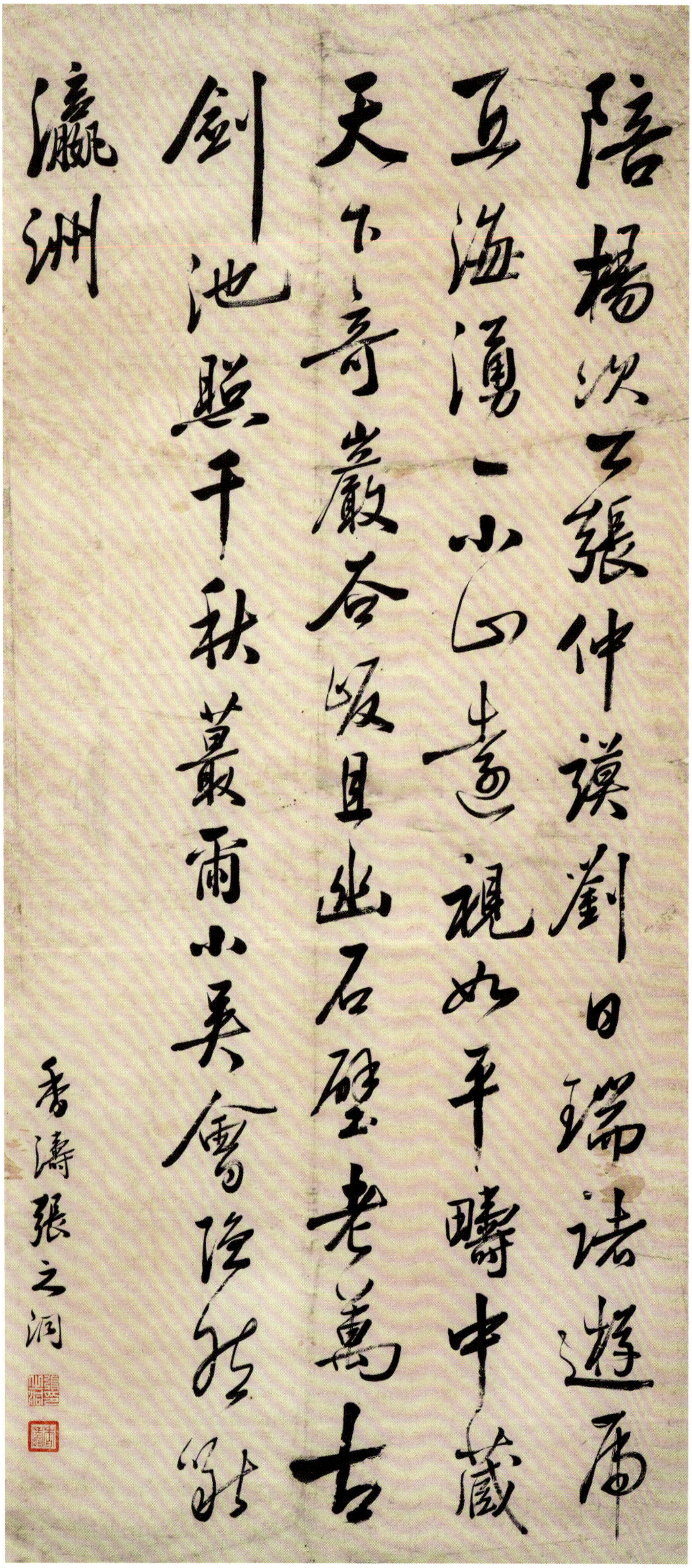

清·张之洞　行书轴

纸本

纵 136 厘米　横 62 厘米

释文：“陪杨次公、张仲谟、刘日瑞诸游虎丘。海涌一小山，远视如平畴。中藏天下奇，岩谷峻且幽。石壁老万古，剑池照千秋。蕞尔小吴会，隐然瞰瀛洲。”落款：“香涛张之洞”。下钤印二枚，一白文印为“张之洞印”；一朱文印为“香涛”。

张之洞（1837～1909），字孝达，号香涛，晚年自号抱冰，历任山西巡抚、两广总督等，官至体仁阁大学士。张之洞是洋务派的主要代表人物，大力倡导“中学为体，西学为用”。

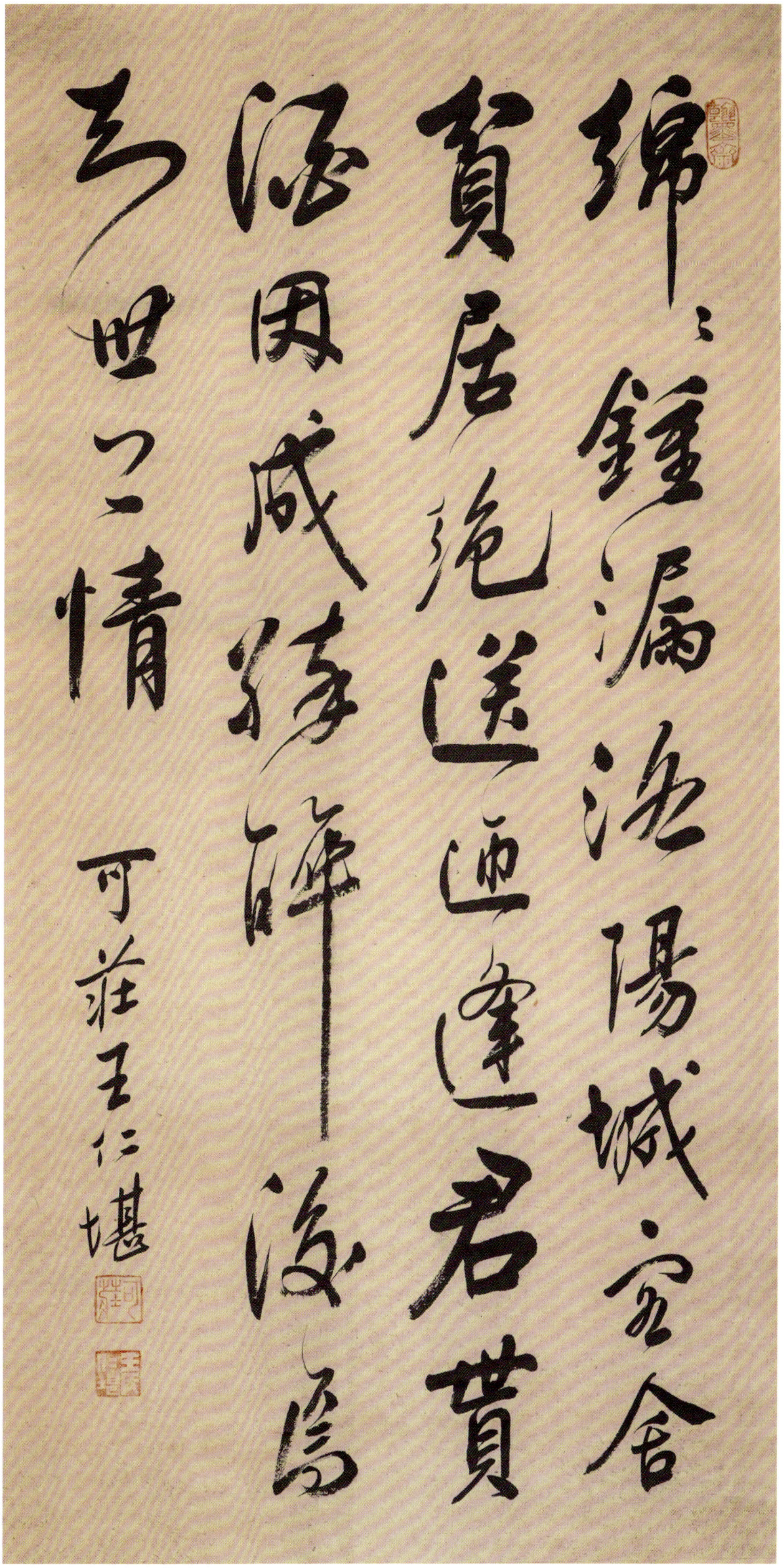

清・王仁堪　行书《洛阳客舍逢祖咏留宴》诗轴

纸本

纵 94 厘米　横 49 厘米

释文："绵绵钟漏洛阳城，客舍贫居绝送迎。逢君贯酒因成醉，醉后焉知世上情。"落款："可庄王仁堪"。下钤印二枚，一朱文印为"可庄"；一白文印为"王氏仁堪"。作品中字与字的大小、疏密之间相互照应，行笔流畅，气息贯通，别具特色。

王仁堪（1849～1893），字可庄，号公定，福建闽县（今福建福州）人。光绪三年（1877 年）状元。

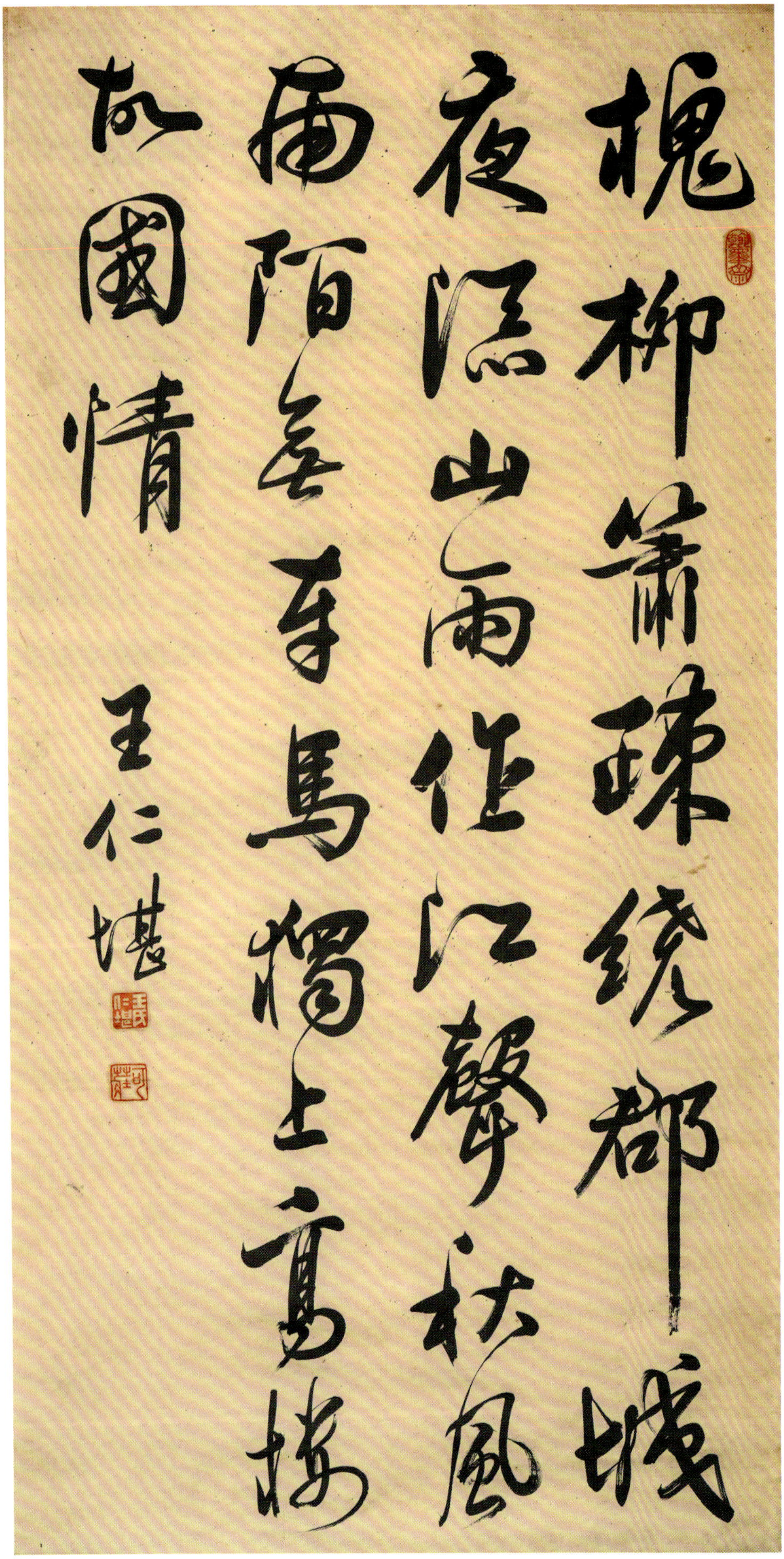

清·王仁堪　行书《登楼》诗轴

纸本
纵 120 厘米　横 62 厘米

释文：“槐柳萧疏绕郡城，夜添山雨作江声。秋风南陌无车马，独上高楼故国情。”落款：“王仁堪”。下钤印二枚，一白文印为“王氏仁堪”；一朱文印为“可庄”。

清・李殿林　行书《怀嵩楼新开南轩与郡僚小饮》诗轴

纸本

纵 164 厘米　横 82.8 厘米

释文：“绕郭云烟匝几重，昔人曾此感怀嵩。霜林落后山争出，野菊开时酒正浓。解带西风飘画角，倚栏斜日照青松。会须乘醉携嘉客，踏雪来看群玉峰。欧阳修新开南轩与群僚小饮。”落款：“伯恭贤弟大人雅鉴，荫墀李殿林”。下钤印二枚，一白文印为“臣李殿林号荫墀之印章”；一朱文印为“辛未翰林”。此书作用笔流畅，结构严谨，字与字之间、行与行之间错落有致，相互顾盼，表现出作者既轻松自如又不散漫轻率的书写情绪。

李殿林（1842～1916），山西大同人，曾任协办大学士、典礼院掌院学士、宣统皇帝经筵侍讲官等，做过宣统皇帝的老师，擅书法、工诗词。

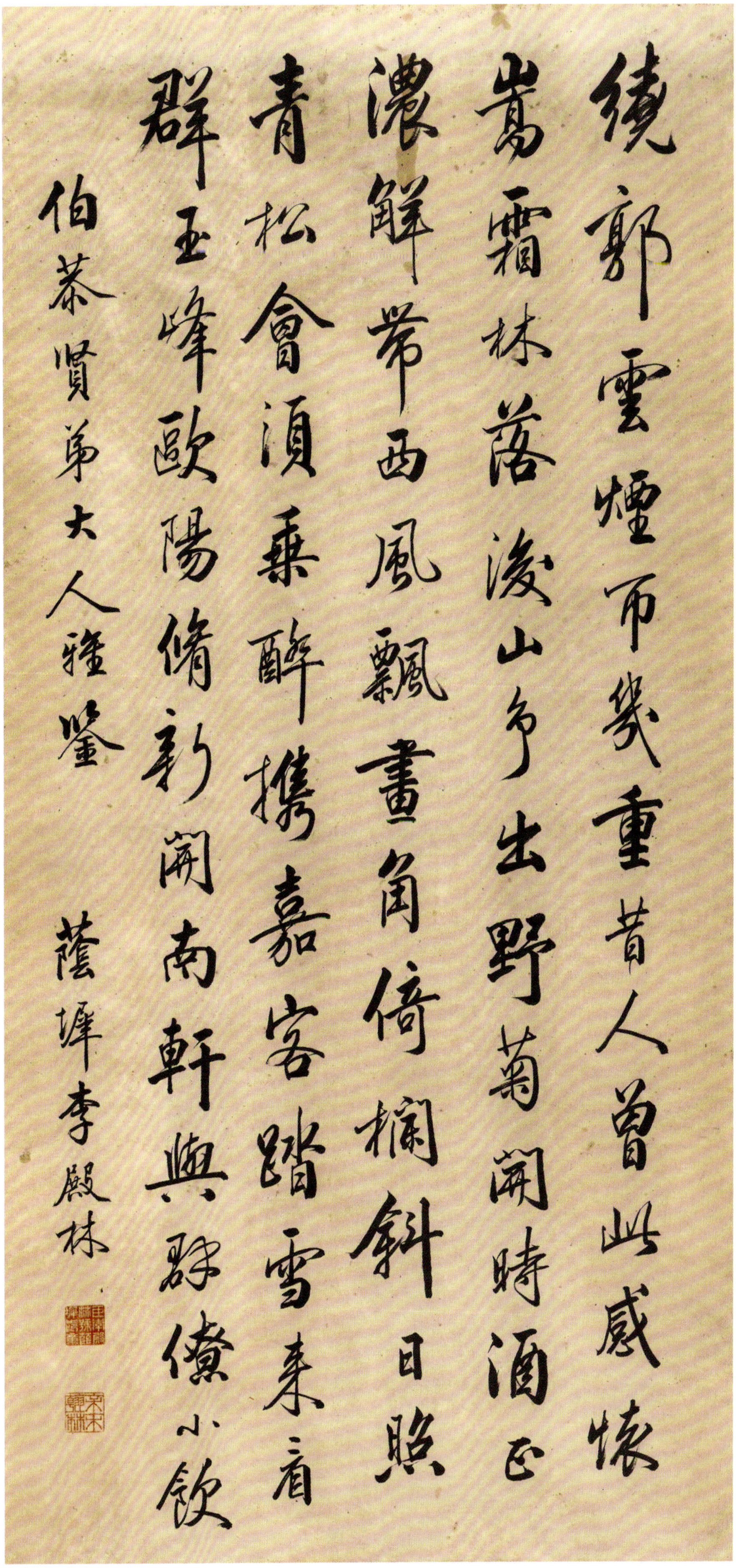

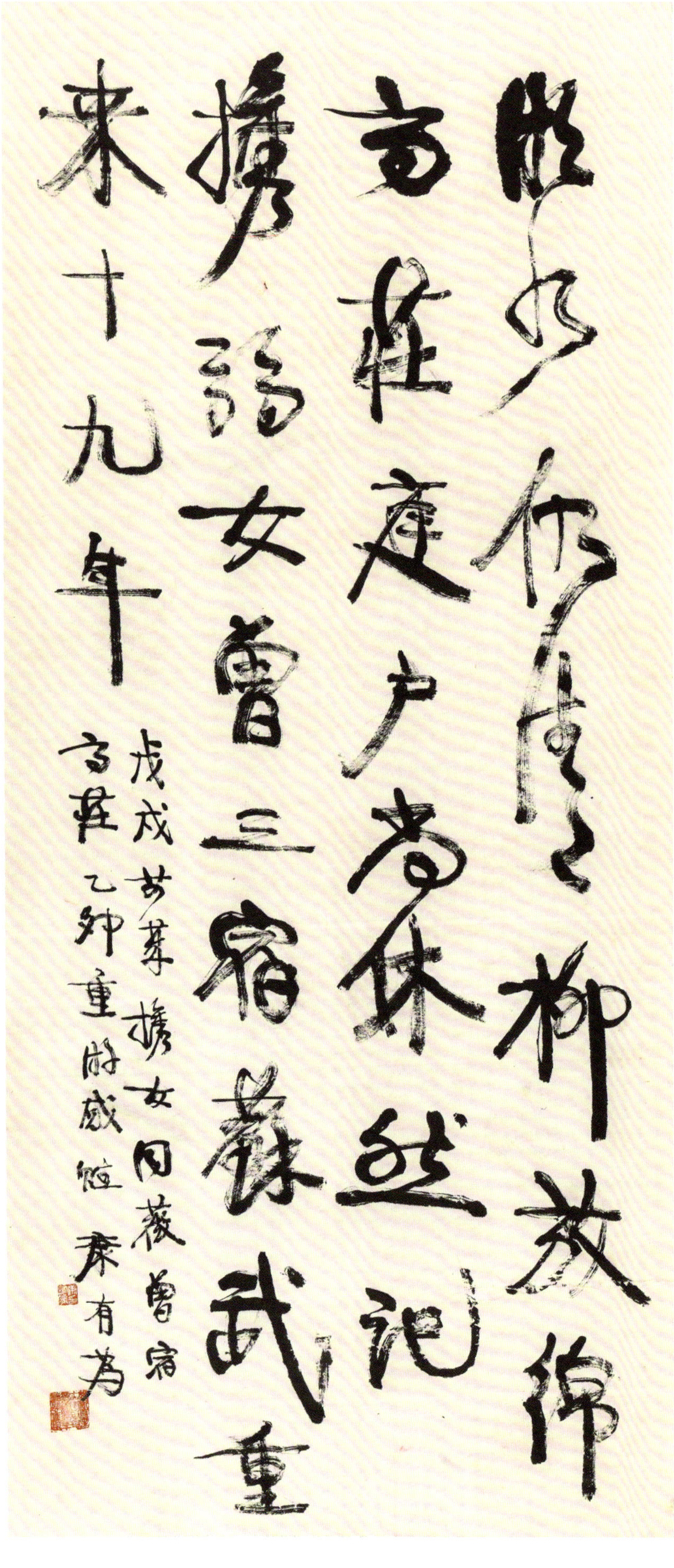

清·康有为　行书《高庄记游》诗轴

纸本

纵 128 厘米　横 58.5 厘米

释文：“湖水仍清柳放绵，高庄庭户尚休然，记携弱女曾三宿，苏武重来十九年。”落款：“戊戌前岁携女同薇曾宿高庄，乙卯重游感赋，康有为”。旁钤印二枚，一白文印为“康有为印”；一朱文印为“维新百日出亡十六年三周大地游遍四洲经三十一国行六十万里”。此书作在书写上笔画平长，内紧外松，转折处多用圆转为主，起笔时用浓墨，逆笔藏锋，行笔中见飞白，字体上多用长撇大捺。整幅作品潇洒自然，大气磅礴。

康有为（1858～1927），原名祖诒，字广厦，号长素，清末民国时期政治家、书法家，是维新变法的代表人物。康有为在书法史上的最大贡献是首倡尊碑理念。

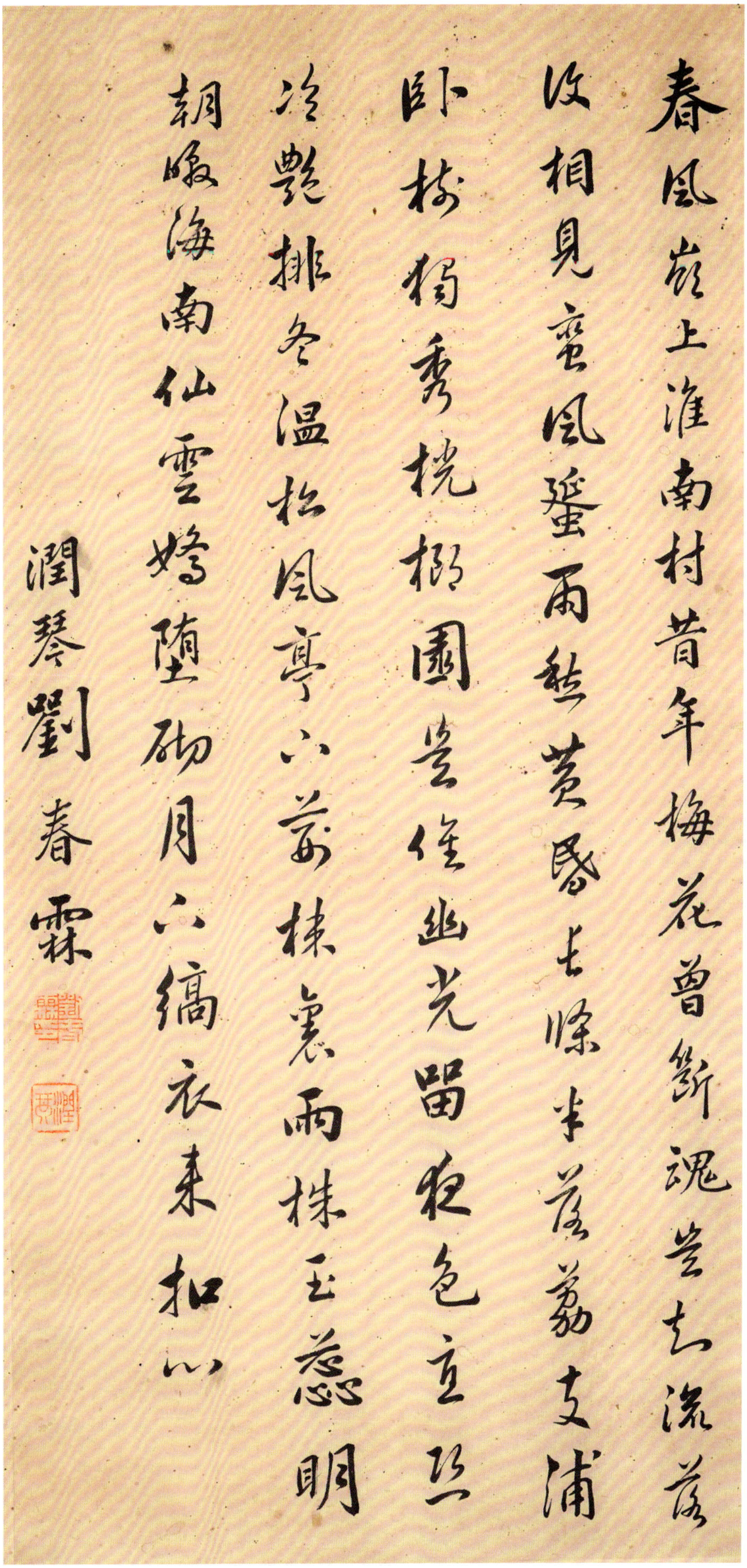

清·刘春霖　行书《松风亭下梅花盛开》诗轴

纸本
纵 85 厘米　横 42 厘米

释文：“春风岭上淮南村，昔年梅花曾断魂。岂知流落复相见，蛮风蜑雨愁黄昏。长条半落荔支浦，卧树独秀桄榔园。岂惟幽光留夜色，直恐冷艳排冬温。松风亭下荆棘里，两株玉蕊明朝暾。海南仙云娇堕砌，月下缟衣来扣门。”落款：“润琴刘春霖”。下钤印二枚，一白文印为“刘春霖印”；一朱文印为“润琴”。此书作用笔秀润稳健，布局合理，运笔流畅，然而流畅之中又带有古朴之风，使整幅作品达到了一种清健流美的艺术境界。

刘春霖（1872 ～ 1944），字润琴，号石云，光绪三十年（1904 年）状元，清代书法家，尤以小楷为著。刘春霖博学多才，兴趣广泛，在诗、书上面都有极高的造诣。

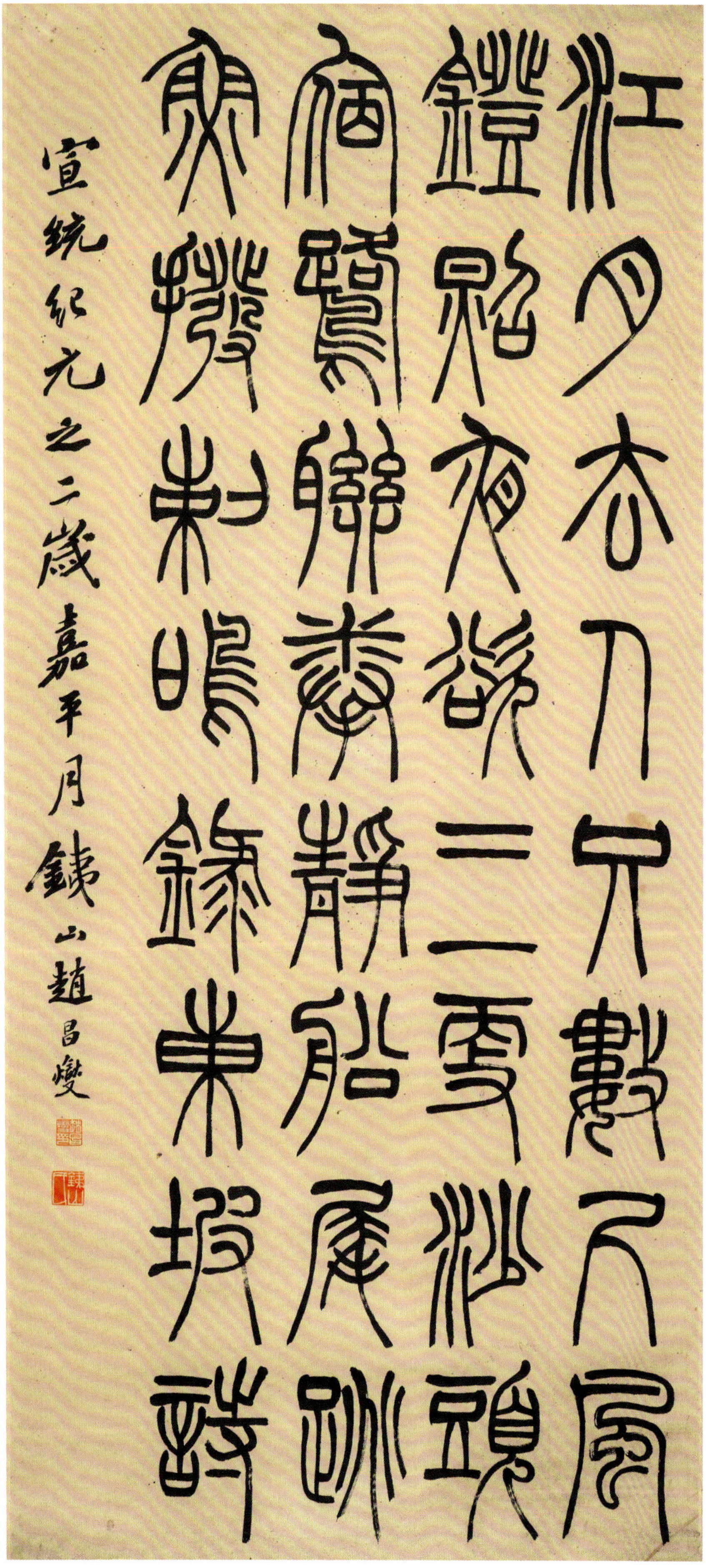

清·赵昌燮　篆书《漫成一首》诗轴

纸本

纵 129 厘米　横 59.5 厘米

释文：“江月去人只数尺，风灯照夜欲三更。沙头宿鹭联拳静，船尾跳鱼拨剌鸣。录东坡诗。”落款：“宣统纪元之二岁嘉平月，铁山赵昌燮”。下钤印二枚，一白文印为“赵昌燮印”；另一白文印为“铁山氏”。此书作是赵昌燮 32 岁时的作品，字形呈长方形，线条沉稳厚重，结构严谨。

赵昌燮（1877 ～ 1945），字铁山、惕山、铁栅，号汉痴，晚年号柴翁、心隐庵主人等，山西太谷人。赵昌燮在经史、书画、文学方面均有极深的造诣。

篆书《漫成一首》诗轴（局部）

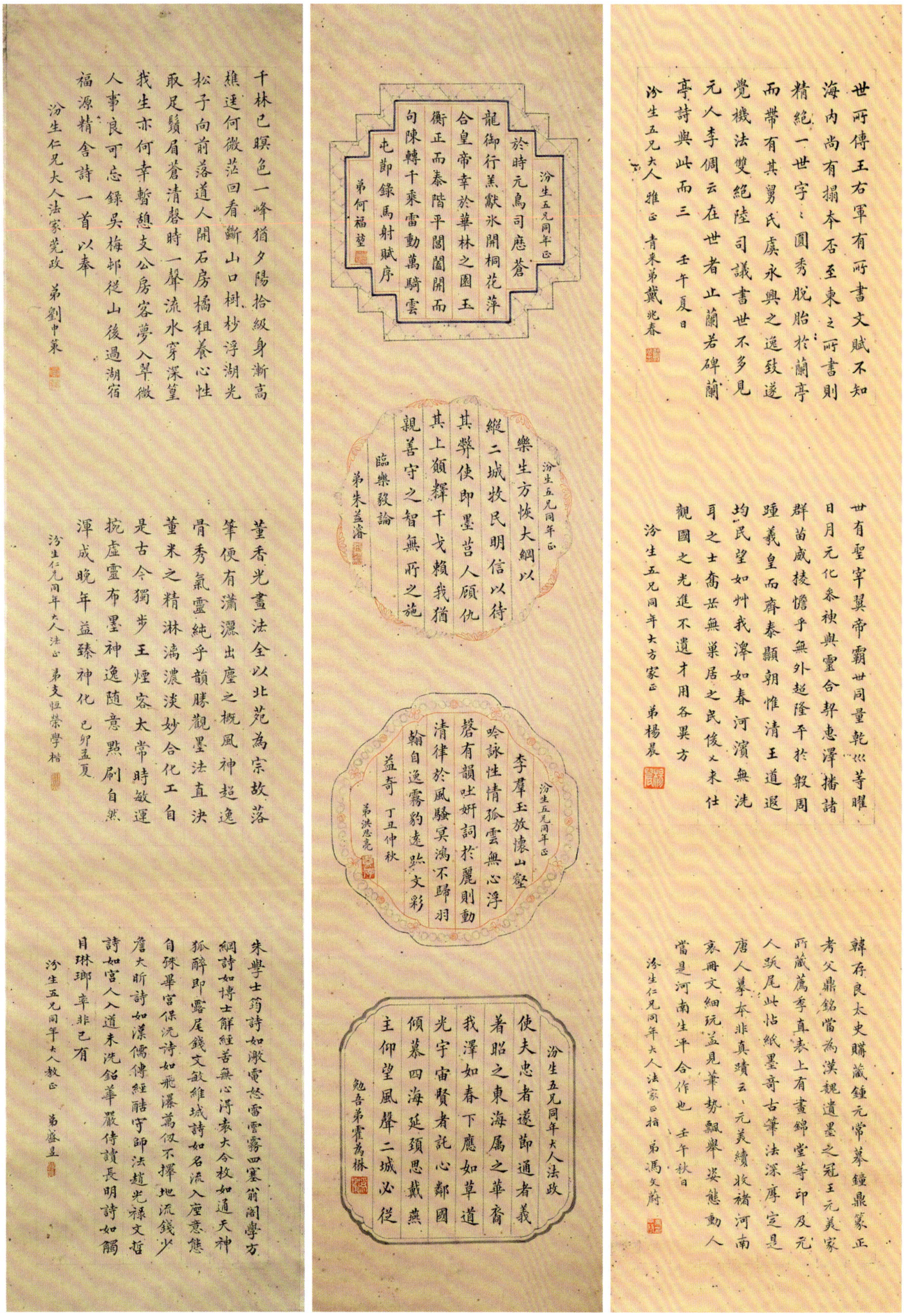

清・何福堃等　小楷条屏

纸本

纵 82.5 厘米　横 19 厘米

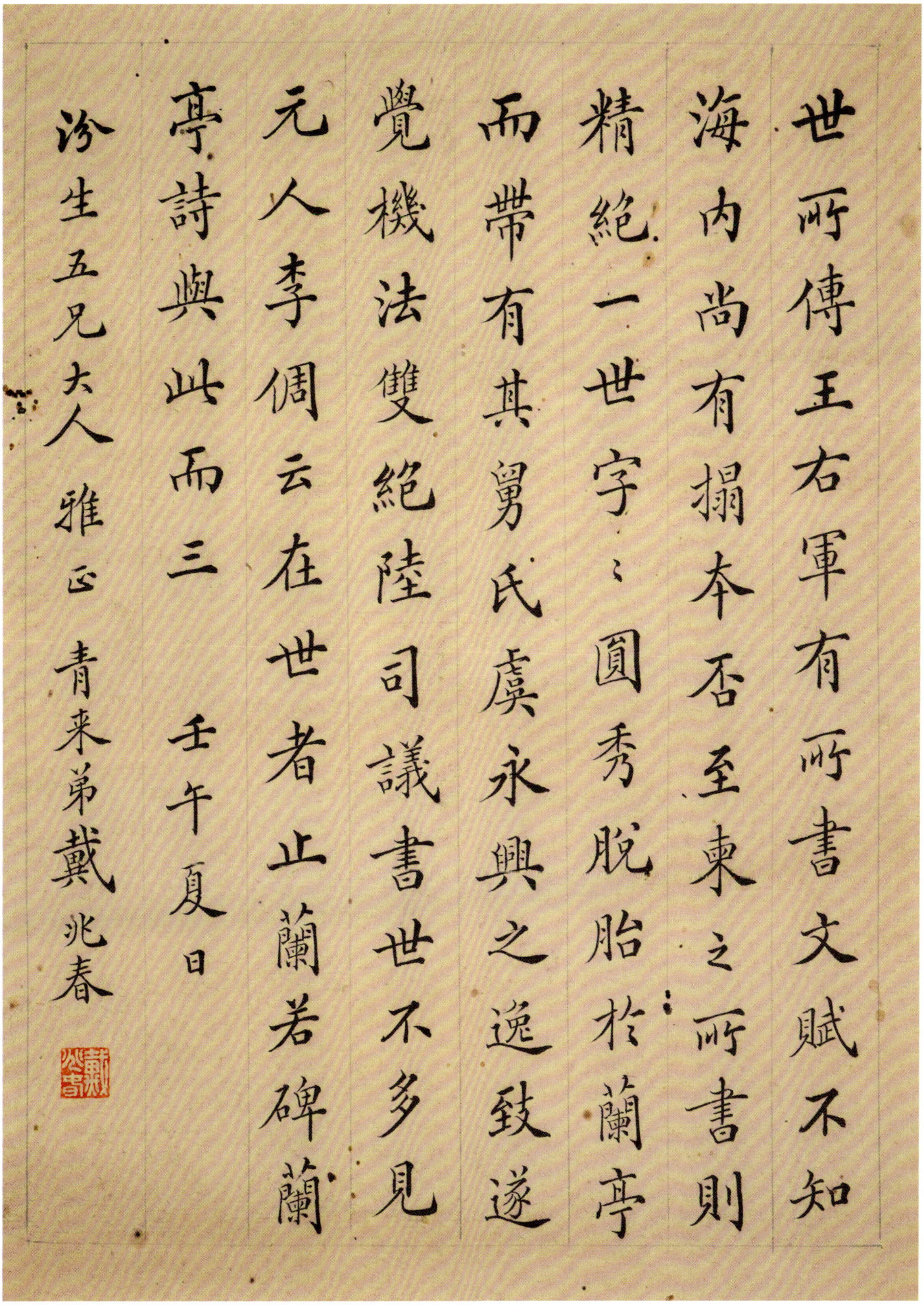
世所傳王右軍有所書文賦不知
海内尚有搨本否至柬之所書則
精絶一世字〻圓秀脱胎於蘭亭
而帶有其舅氏虞永興之逸致遂
覺機法雙絶陸司議書世不多見
元人李倜云在世者止蘭若碑蘭
亭詩與此而三 壬午夏日
汾生五兄大人雅正 青来弟戴兆春

小楷条屏（局部）

释文：“世所传王右军有所书《文赋》，不知海内尚有拓本否。至柬之所书，则精绝一世，字字圆秀，脱胎于《兰亭》，而带有其舅氏虞永兴之逸致，遂觉机法双绝。陆司议书世不多见，元人李倜云：‘在世者止《兰若碑》《兰亭诗》与此而三。’”落款：“壬午夏日，汾生五兄大人雅正，青来弟戴兆春”。下钤一白文印为“戴兆春”。

戴兆春，浙江钱塘（今浙江杭州）人，光绪三年（1877 年）进士。

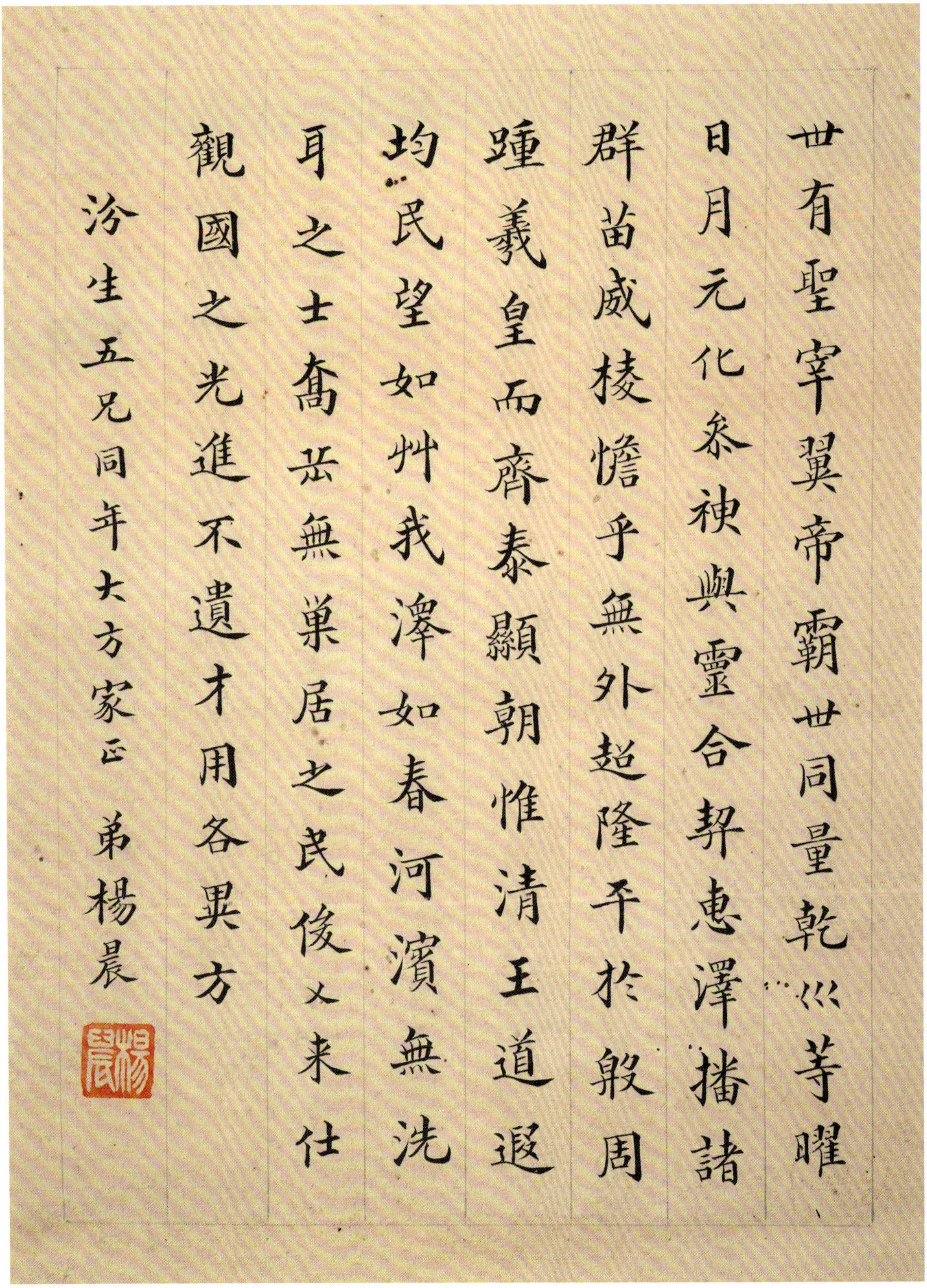
世有聖宰翼帝霸世同量乾巛等曜
日月元化叅神與靈合契惠澤播諸
群苗威棱憺乎無外超隆平於殷周
踵羲皇而齊泰顯朝惟清王道遐
均民望如艸我澤如春河濱無洗
耳之士喬岳無巢居之民俊乂来仕
觀國之光進不遺才用各異方
汾生五兄同年大方家正 弟楊晨
楊晨

小楷条屏（局部）

释文：“世有圣宰，翼帝霸世，同量乾坤，等曜日月，元化参神，与灵合契。惠泽播诸群苗，威棱憺乎无外，超隆平于殷周，踵羲皇而齐泰。显朝惟清，王道遐均，民望如草，我泽如春。河滨无洗耳之士，乔岳无巢居之民。俊义来仕，观国之光，进不遗才，用各异方。”落款：“汾生五兄同年大方家正，弟杨晨”。下钤一白文印为“杨晨”。

杨晨（1845～1922），名保定，字蓉初、定孚，号定甫，浙江黄岩人，光绪三年（1877年）进士。

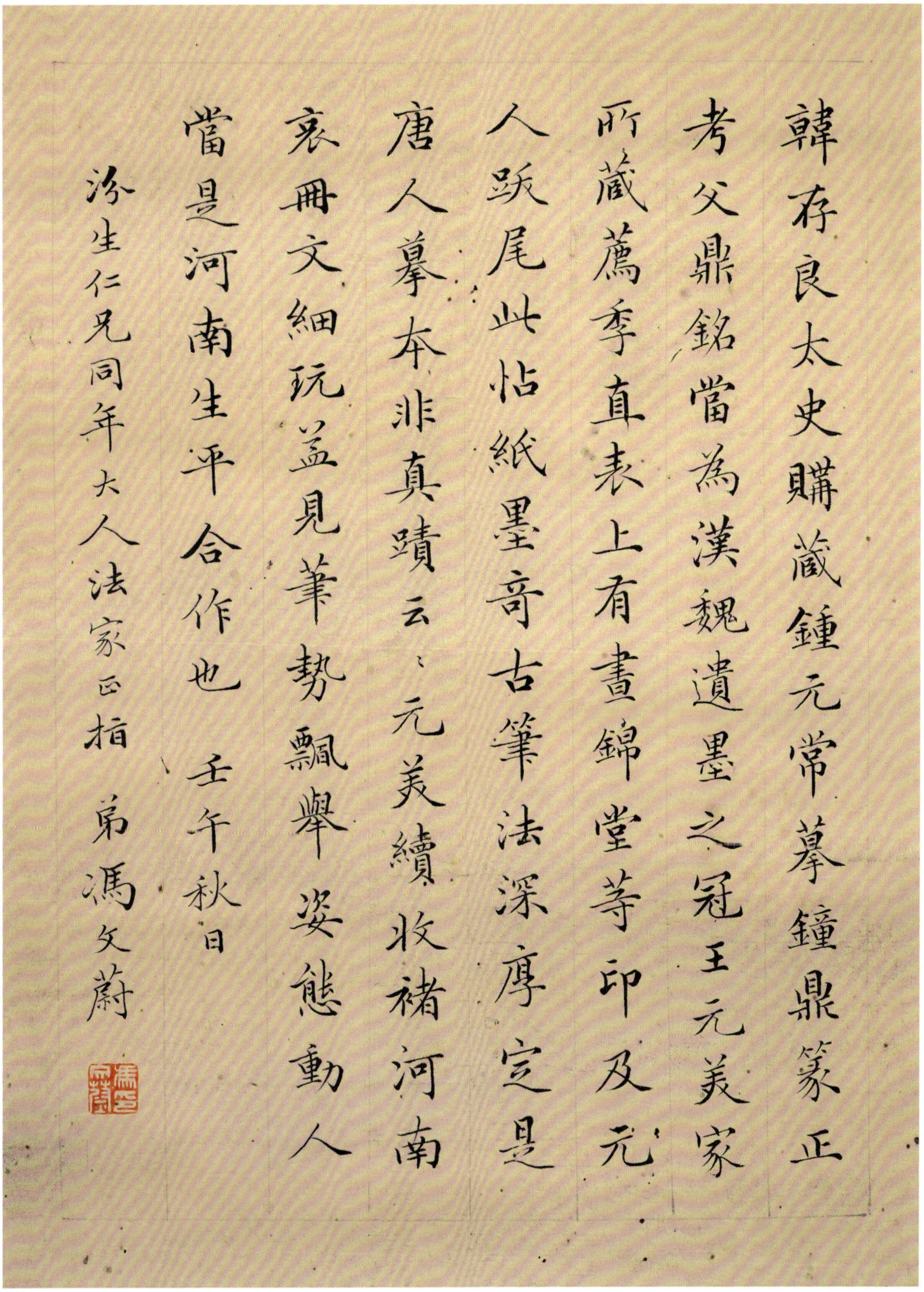
韓存良太史購藏鍾元常摹鍾鼎篆正
考父鼎銘當為漢魏遺墨之冠王元美家
所藏薦季直表上有晝錦堂等印及元
人跋尾此帖紙墨奇古筆法深厚定是
唐人摹本非真蹟云云元美續收褚河南
哀冊文細玩益見筆勢飄舉姿態動人
當是河南生平合作也 壬午秋日
汾生仁兄同年大人法家正指 弟馮文蔚

小楷条屏（局部）

释文：“韩存良太史购藏钟元常摹钟鼎篆《正考父鼎铭》。当为汉、魏遗墨之冠。王元美家所藏《荐季直表》，上有昼锦堂等印及元人跋尾。此帖纸墨奇古，笔法深厚，定是唐人摹本，非真迹云云。元美续收褚河南哀册文，细玩，益见笔势飘举、姿态动人，当是河南生平合作也。”落款：“壬午秋日，汾生仁兄同年大人法家正指，弟冯文蔚”。下钤一白文印为“冯文蔚印”。

冯文蔚（1814～1896），字联堂，号修庵，浙江乌程（今浙江湖州）人，光绪二年（1876年）探花。

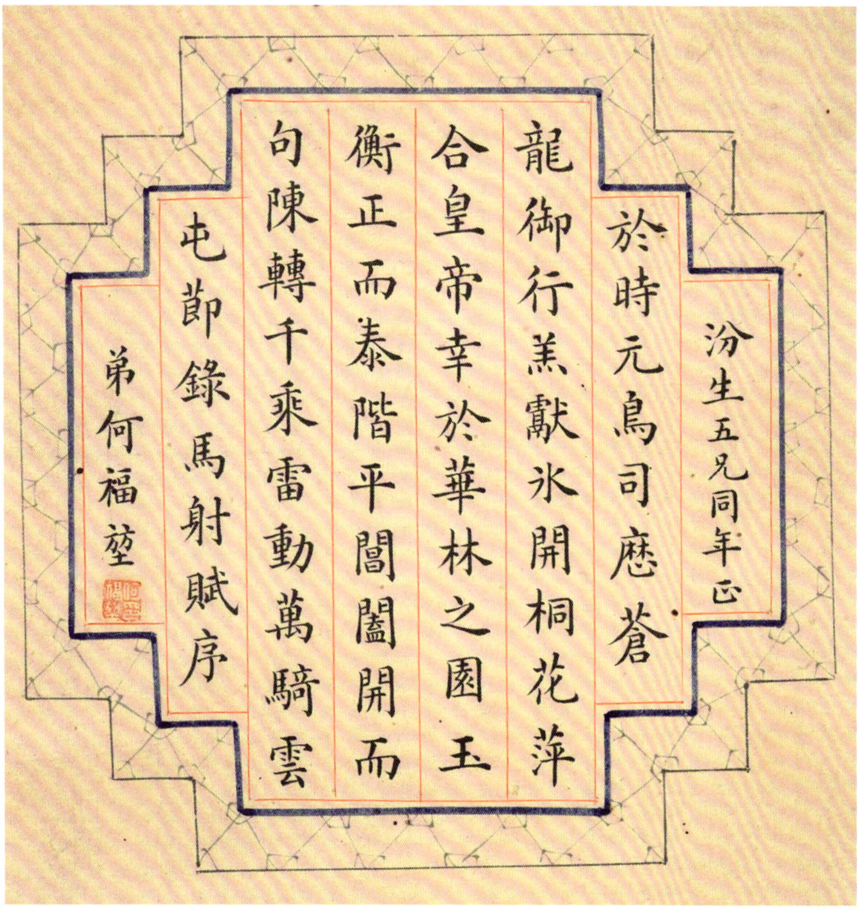

小楷条屏（局部）

释文：“于时元鸟司历，苍龙御行，羔献冰开，桐华萍合。皇帝幸于华林之园。玉衡正而泰阶平，阊阖开而句陈转。千乘雷动，万骑云屯。节录《马射赋序》。”落款：“汾生五兄同年正，弟何福堃”。下钤一白文印为“何福堃印”。

何福堃，山西灵石人，光绪三年（1877 年）进士，曾任甘肃布政使。

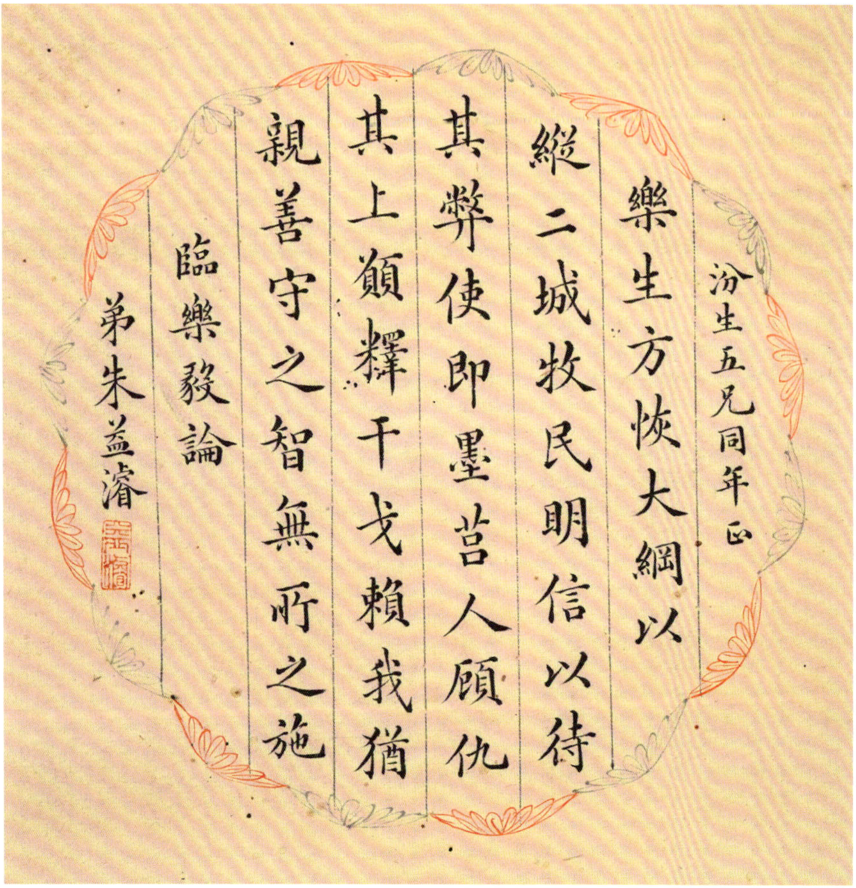

小楷条屏（局部）

释文：“乐生方恢大纲，以纵二城，牧民明信，以待其弊，使即墨莒人，顾仇其上，愿释干戈，赖我犹亲，善守之智，无所之施，临乐毅论。”落款：“汾生五兄同年正，弟朱益濬”。下钤一朱文印为“益濬”。

朱益濬，江西莲花人，清代湖南最后一任巡抚，宣统皇帝的老师。

释文：“李群玉放怀山壑，吟咏性情。孤云无心，浮磬有韵。吐妍词于丽则，动清律于风骚。冥鸿不归，羽翰自逸，雾豹远踪，文采益奇。”落款：“丁丑仲秋，汾生五兄同年正，弟洪思亮”。下钤一白文印为“景存”。

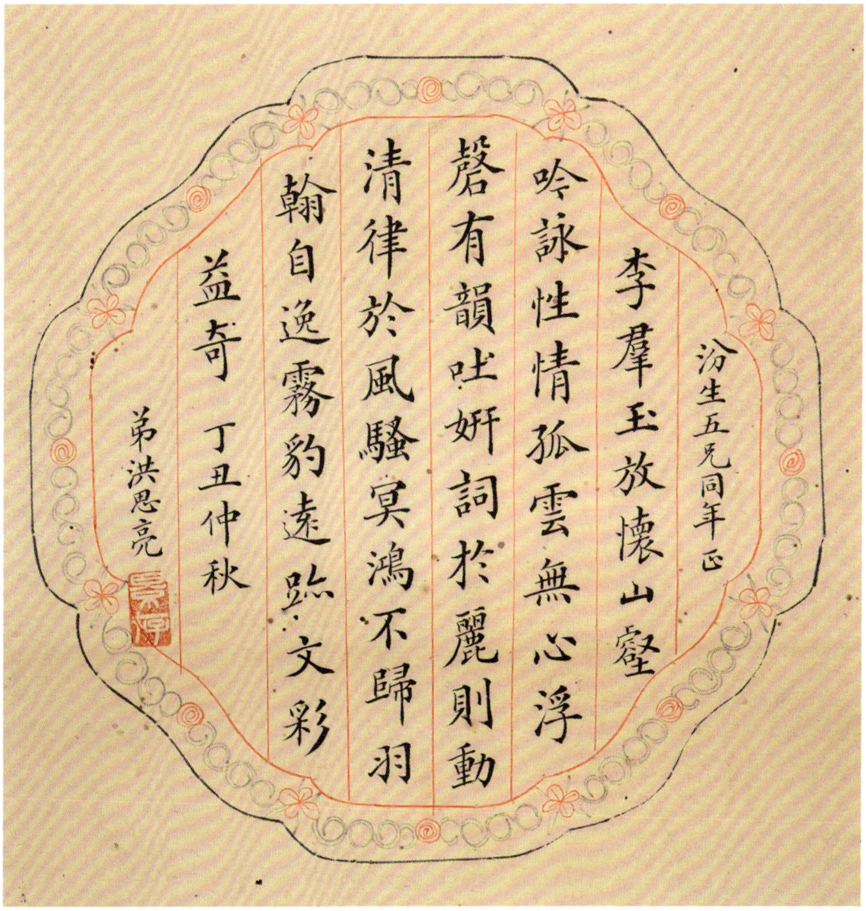

小楷条屏（局部）

释文：“使夫忠者遂节，通者义著。昭之东海，属之华裔。我泽如春，下应如草，道光宇宙。贤者托心，邻国倾慕。四海延颈，思戴燕主，仰望风声，二城必从。”落款：“汾生五兄同年大人法政，勉吾弟霍为楙”。下钤一白文印为“为楙”。

霍为懋，光绪进士。

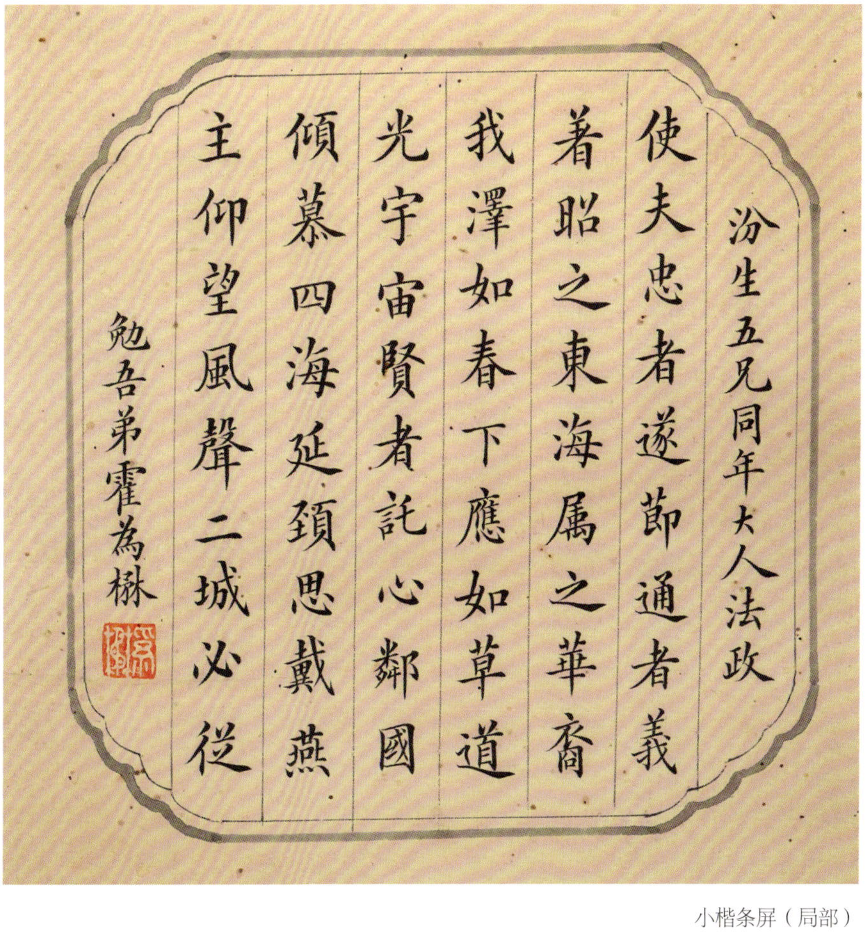

小楷条屏（局部）

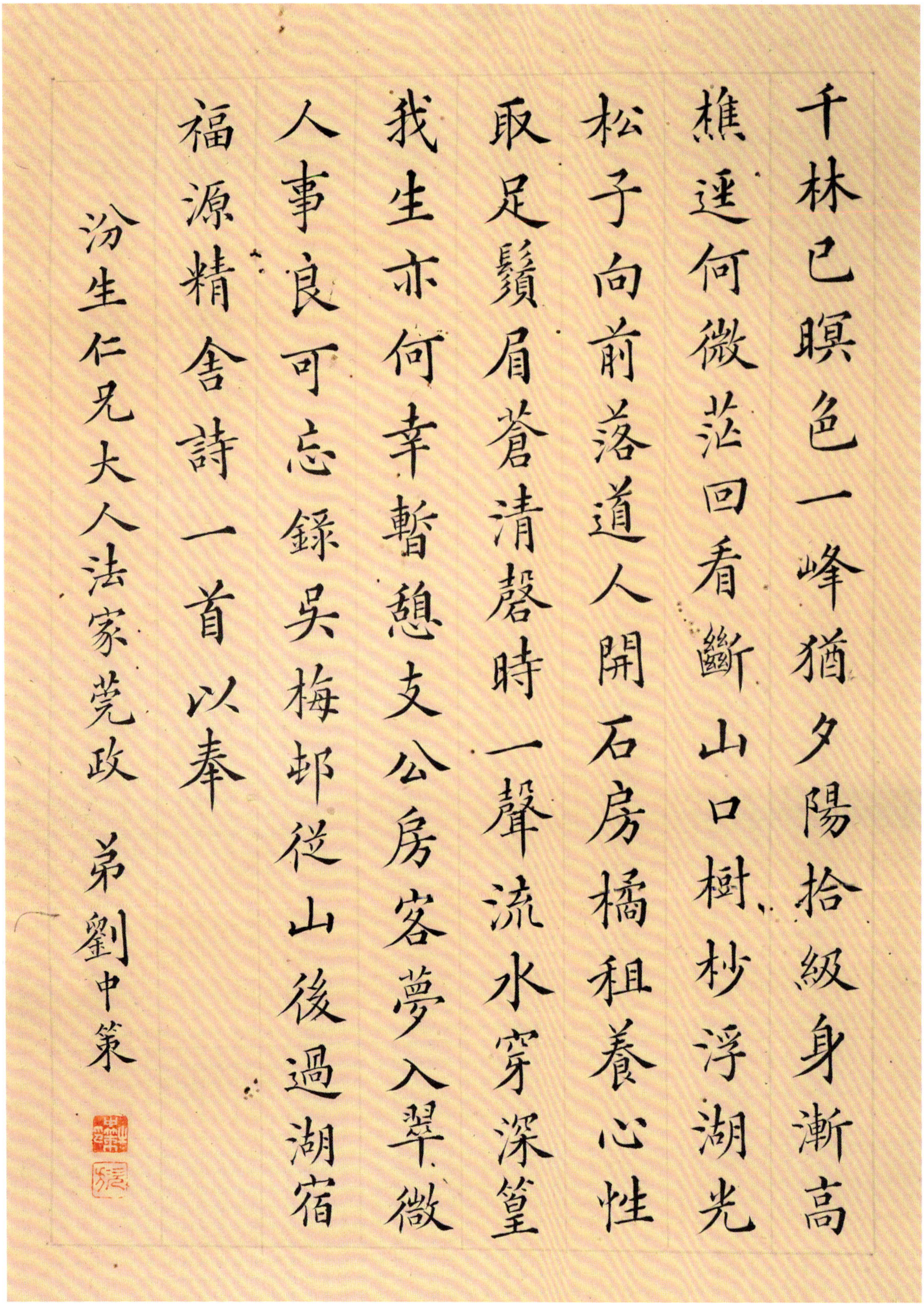
千林已暝色一峰猶夕陽拾級身漸高
樵逕何微茫回看斷山口樹杪浮湖光
松子向前落道人開石房橘柤養心性
取足鬚眉蒼清磬時一聲流水穿深篁
我生亦何幸暫憩支公房客夢入翠微
人事良可忘錄吴梅邨從山後過湖宿
福源精舍詩一首以奉
汾生仁兄大人法家莞政 弟劉中策

小楷条屏（局部）

释文：“千林已暝色，一峰犹夕阳。拾级身渐高，樵径何微茫。回看断山口，树杪浮湖光。松子向前落，道人开石房。橘柤养心性，取足须眉苍。清磬时一声，流水穿深篁。我生亦何幸，暂憩支公房。客梦入翠微，人事良可忘。录吴梅村《从山后过湖宿福源精舍》诗一首以奉。”落款：“汾生仁兄大人法家莞政，弟刘中策”。下钤印二枚，一白文印为“中策之印”，一朱文印为“次方”。

刘中策，字次方，清代书法家。

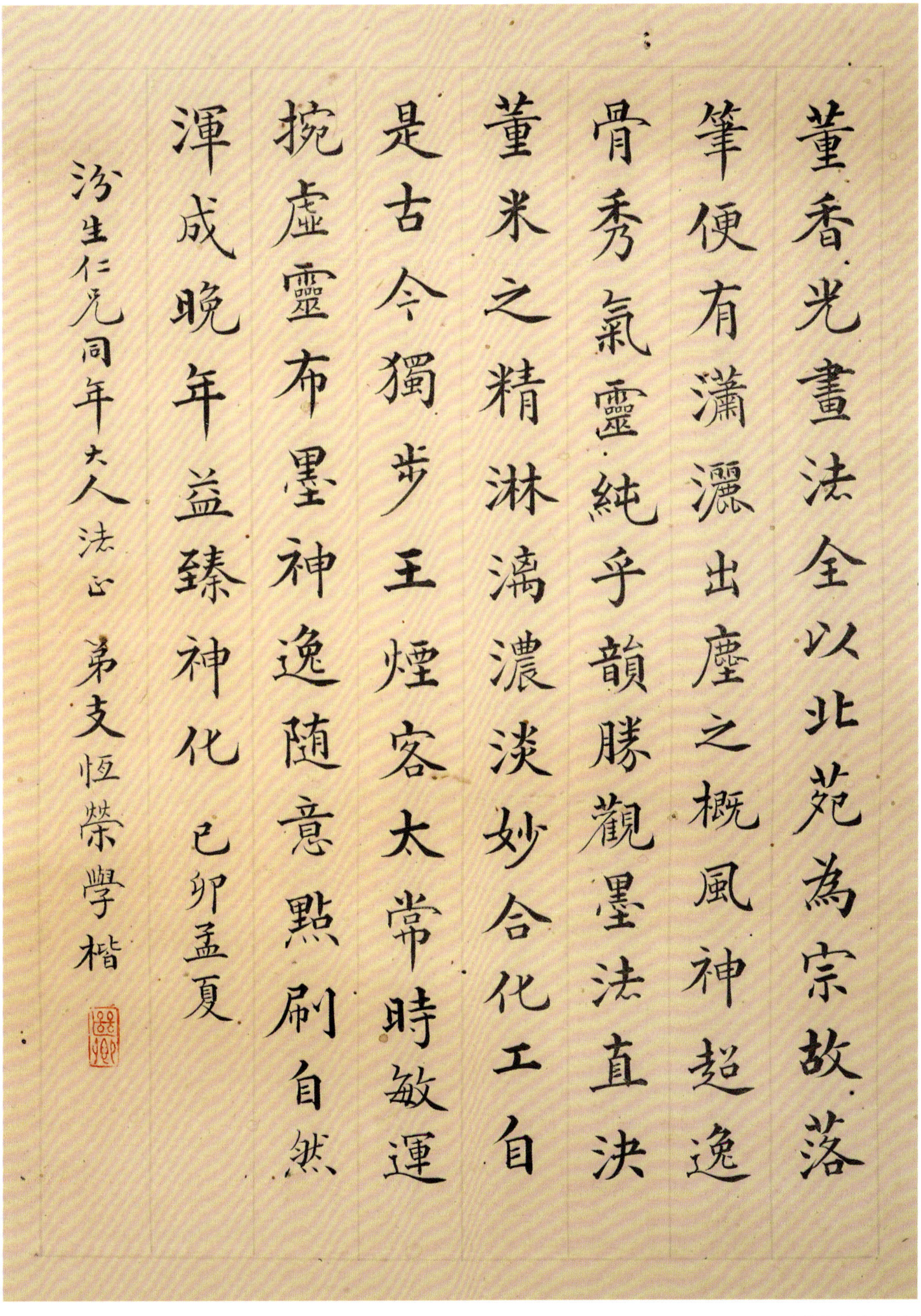
董香光畫法全以北苑為宗故落
筆便有瀟灑出塵之概風神超逸
骨秀氣靈純乎韻勝觀墨法直決
董米之精淋漓濃淡妙合化工自
是古今獨步王煙客太常時敏運
捥虛靈布墨神逸隨意點刷自然
渾成晚年益臻神化
己卯孟夏
汾生仁兄同年大人法正
弟支恆榮學楷

小楷条屏（局部）

释文：“董香光画法全以北苑为宗，故落笔便有潇洒出尘之概，风神超逸，骨秀气灵，纯乎韵胜。观墨法真决，董米之精，淋漓浓淡，妙合化工，自是古今独步。王烟客太常时敏，运腕虚灵，布墨神逸，随意点刷自然浑成，晚年益臻神化。”落款：“己卯孟夏，汾生仁兄同年大人法正，弟支恒荣学楷。”

支恒荣（1848 ～ 1914），字季卿，江苏镇江人，光绪三年（1877 年）进士。

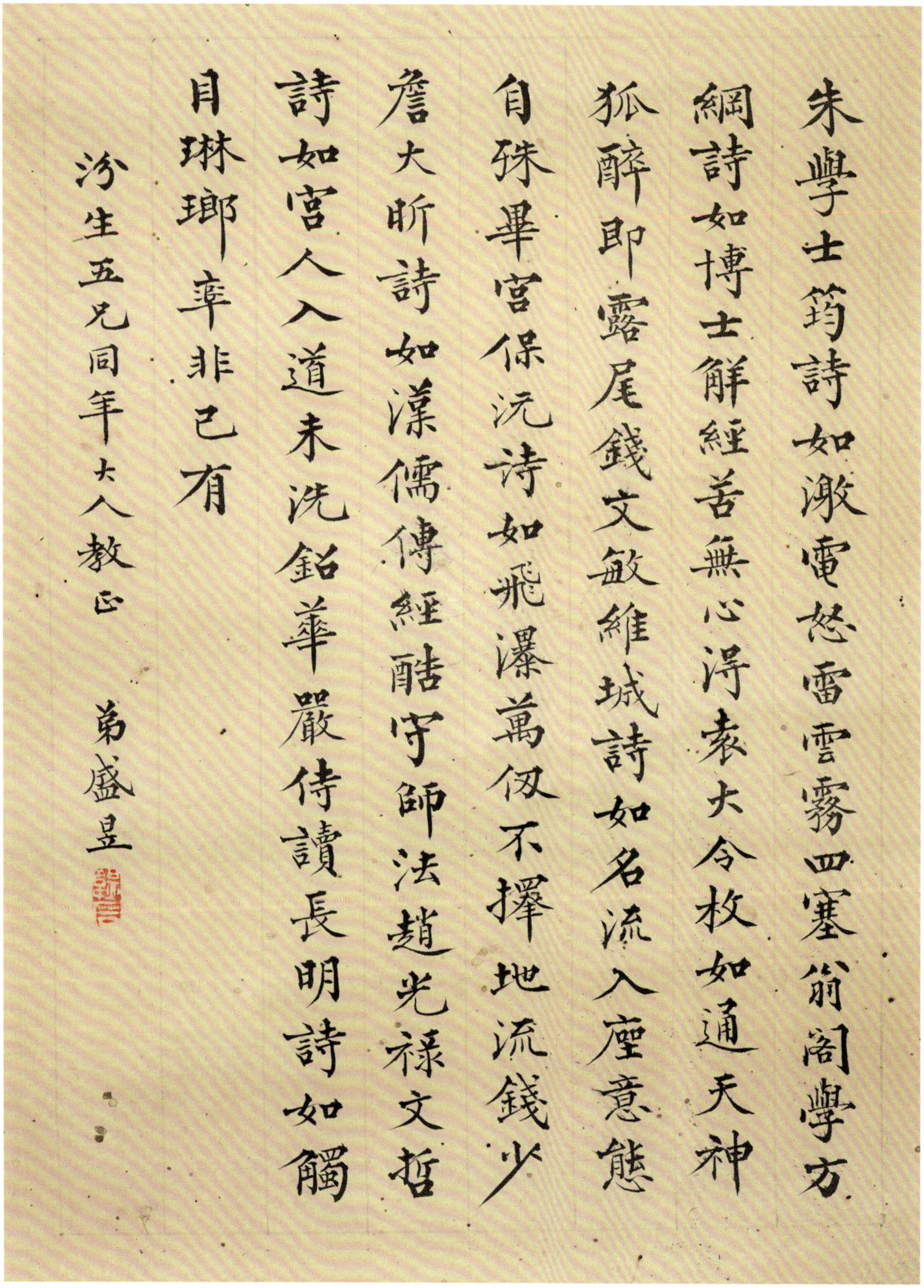
朱學士筠詩如激電怒雷雲霧四塞翁閣學方
綱詩如博士解經苦無心得袁大令枚如通天神
狐醉即露尾錢文敏維城詩如名流入座意態
自殊畢宮保沅詩如飛瀑萬仞不擇地流錢少
詹大昕詩如漢儒傳經酷守師法趙光祿文哲
詩如宮人入道未洗鉛華嚴侍讀長明詩如觸
目琳瑯率非己有
汾生五兄同年大人教正
弟盛昱

小楷条屏（局部）

释文：“朱学士筠诗，如激电怒雷，云雾四塞。翁阁学方纲诗，如博士解经，苦无心得。袁大令枚如通天神，狐醉即露尾。钱文敏维城诗，如名流入座，意态自殊。毕宫保沅诗，如飞瀑万仞，不择地流。钱少詹大昕诗，如汉儒传经，酷守师法。赵光禄文哲诗，如宫人入道，未洗铅华。严侍读长明诗，如触目琳琅，率非己有。”落款：“汾生五兄同年大人教正，弟盛昱”。

盛昱（1850～1899），爱新觉罗氏，字伯熙，一作伯羲、伯熙，号韵莳、意园，光绪二年（1876年）进士。

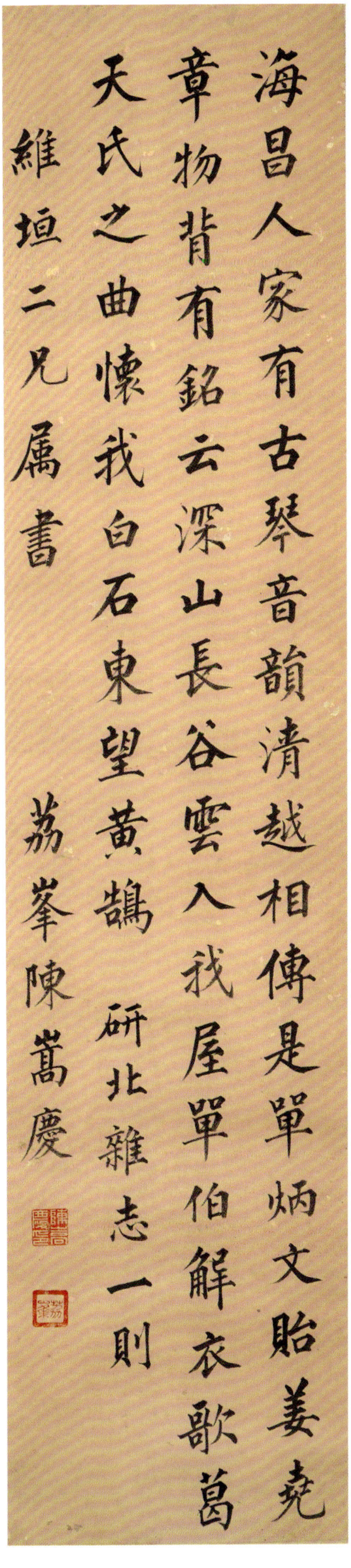

清·陈嵩庆　楷书《砚北杂志一则》轴

纸本

纵 125 厘米　横 29 厘米

释文：“海昌人家，有古琴音韵清越，相传是单炳文贻姜尧章物，背有铭云：‘深山长谷，云入我屋。单伯解衣，歌葛天氏之曲。怀我白石，东望黄鹄。砚北杂志一则’。”落款：“维垣二兄属书，荔峰陈嵩庆”。下钤印二枚，一白文印为“陈嵩庆印”；一朱文印为“荔峰”。

陈嵩庆，字复庵（盦），号荔峰、声谷，浙江钱塘（今浙江杭州）人，嘉庆六年（1801 年）进士，官至吏部侍郎。工书法。

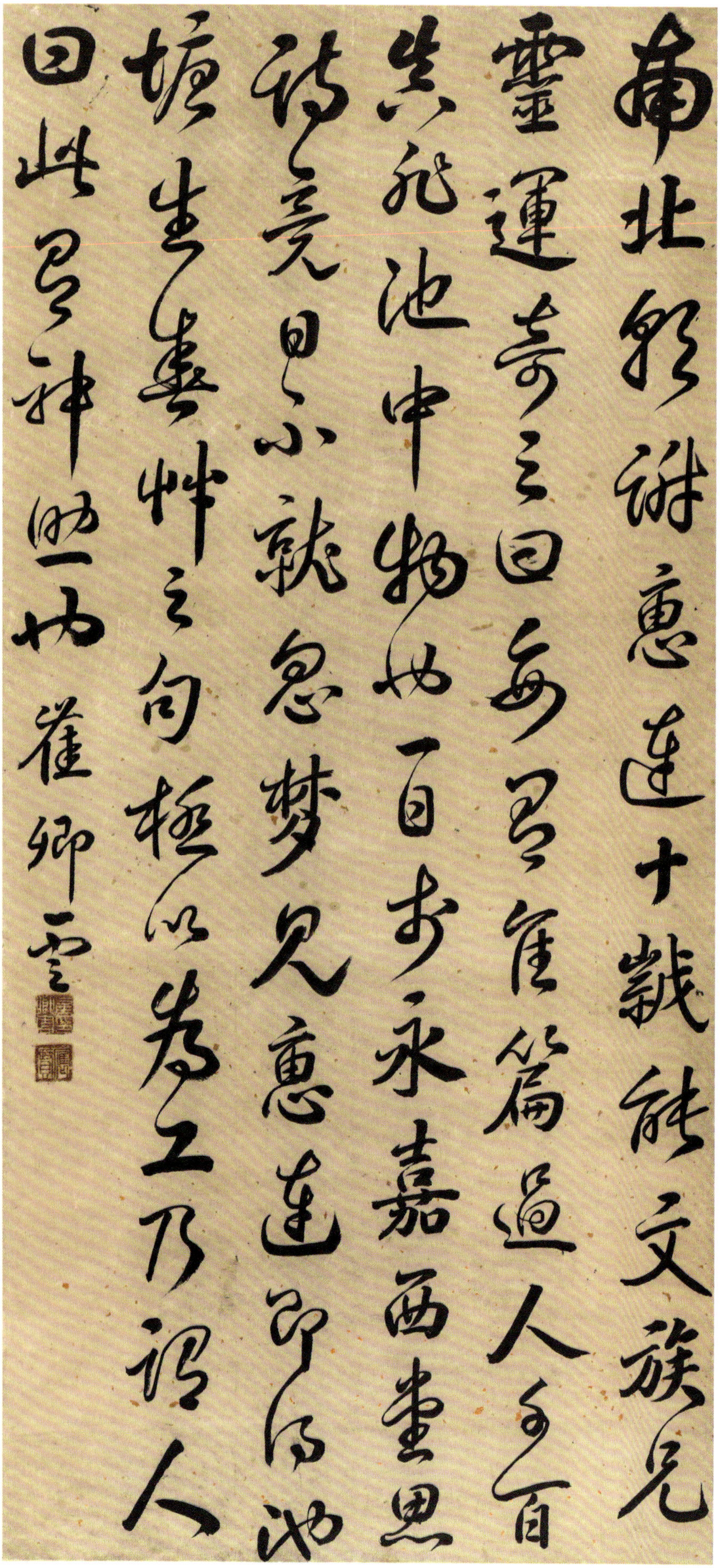

清·崔卿云　行书轴

纸本

纵 127 厘米　横 60 厘米

释文：“南北朝谢惠连十岁能文，族兄灵运奇之曰：每有佳篇，过人千百，真非池中物也。一日于永嘉西堂思诗，竟日不就，忽梦见惠连，即得：‘池塘生春草’之句，极以为工。乃谓人曰：此有神助也。”落款：“崔卿云”。下钤一白文印为“崔卿云印”。此书作行气贯通，气息畅通和谐，充分展现了书家精熟的用笔技巧。

崔卿云，清代书法家。

北船餤惠連十戴餘
運壽三回每昌崔篇
飛池中物如百物永壽
亮且不就忽夢見惠
生□壽性之句極以為工
此昌神助也崔郎雲

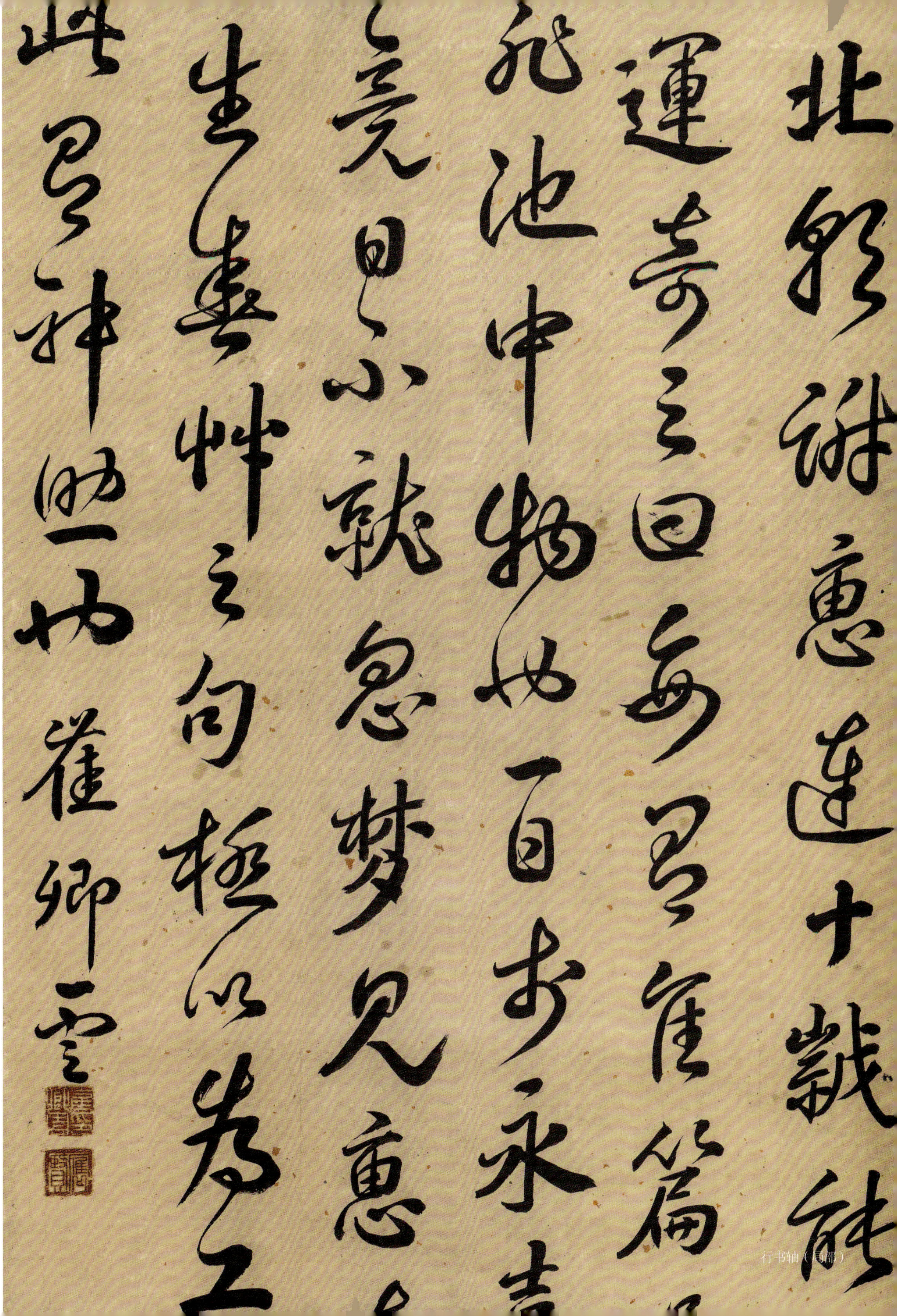

参考资料

1. （汉）许慎纂：《说文解字》，中华书局，2013 年。
2. （明）董其昌著：《画禅室随笔》，江苏教育出版社，2005 年。
3. 中国美术全集编辑委员会编：《中国美术全集》（明清书画卷），人民美术出版社，1989 年。
4. 王伯敏著：《 中国绘画史》，上海人民美术出版社，1982 年。
5. 钟明善著：《中国书法史》，河北美术出版社，2008 年。
6. 朱铸禹编：《中国历代画家名人辞典》，人民美术出版社 ，2003 年。
7. 上海博物馆编：《中国书画家印鉴款识》，文物出版社，1987 年。
8. 潘运告编：《明代画论》，湖南美术出版社，2002 年。
9. 潘运告编：《清代画论》，湖南美术出版社，2003 年。
10. 刘建编：《行书编》，文物出版社，1995 年。
11. 丘幼宣著：《黄慎研究》，福建教育出版社，2002 年。

后记

大同市博物馆御东新馆于2015年1月1日正式对外开放，馆藏书画作品是以“妙笔丹青”为专题进行集中展示，社会反响强烈，受到不少专家学者和书画爱好者的关注和好评。我们知道书画作品是最不易保护的文物类型之一，不能长期对外展示，要定期回库保养，为了将这些艺术珍品长期供读者观赏、品评，我馆决定出版一套书画作品图录，以图片和文字的形式将每幅作品进行全方位、多角度的集中展示，从而使这些珍贵的文物不会因回库而影响到人们的观赏，让文物的价值得到扩充和延续。

本书的准备工作和编写从2017年年初开始，由王利民馆长牵头指导文物拍摄、文字资料的搜集整理和图书编撰工作，曹臣明副馆长确定书名为“翰墨留香——大同市博物馆藏书画精品”。具体工作由韩生存、康林虎负责完成。韩生存负责全书的编排结构、前言的撰写和统稿工作，康林虎负责作品的选取、解读和版式设计工作。在编写过程中，为深度解读每幅作品的艺术性和观赏价值，我们查阅了大量的文献资料，请教了不少专家和学者，尤其是大同大学的马志强教授参与全书的编写，提出了不少有见地的观点和看法，并在书画文字释读方面做了大量工作，在此表示深深感谢。

由于编写人员的业务水平、学识和编写能力有限，书中疏漏纰缪之处在所难免，望读者予以指正。

编者

2019年7月